Inhaltsverzeichnis

Einleitung

Dieses Buch ist eine Anleitung, wie man in juristischen Arbeiten richtig zitiert. Es wendet sich gleichermaßen an den Studenten, Doktoranden, Professor oder Praktiker, der seine Arbeit mit Fundstellen belegen will. Dabei kann es sich sowohl um eine Hausarbeit, eine Doktorarbeit, eine sonstige Monographie, einen Aufsatz, ein Urteil als auch um einen Schriftsatz handeln. Überall stellen sich gleiche oder ähnliche Formfragen. Muß zum Beispiel bei einem Buch auf den Erscheinungsort hingewiesen werden? Ist bei einem Aufsatz die Anfangsseite in das Zitat aufzunehmen oder nur die Seite, auf die man sich bezieht? Ist bei Entscheidungen das Datum anzugeben?

Die meisten Veröffentlichungen folgen insoweit ähnlichen Regeln. Diese sind jedoch nirgends niedergelegt. Die bisher erschienenen Bücher, wie zum Beispiel das Abkürzungsverzeichnis von *Kirchner* und *Butz*[1], decken nur Teilaspekte ab. Es existiert keine umfassende Anleitung, die etwa die Gestaltung einer Fußnote oder eines Inhaltsverzeichnisses erläutert. Für den Nicht-Eingeweihten sind diese Fragen ein Rätsel, dessen Lösung er erst nach jahrelanger Beobachtung erlernt. Auch dem erfahrenen Praktiker oder Wissenschaftler stellen sich aber immer wieder Probleme, die sich auch bei – zeitintensiver – Recherche nicht befriedigend klären lassen. Aus diesem Grund schien es uns nützlich, die bislang ungeschriebenen Regeln des Zitierens in einem Buch zusammenzufassen.

Dabei können die Verfasser keine verbindlichen Vorgaben machen. Statt dessen bemühen wir uns, die Praxis möglichst genau wiederzugeben. Zu diesem Zweck haben wir die tatsächlichen Gewohnheiten, die sich in Fachzeitschriften, Büchern, Gerichtsentscheidungen und universitären Übungen gebildet haben, untersucht. Naturgemäß haben wir uns dabei auf den deutschsprachigen Raum beschränkt.

Will man die tatsächlichen Gewohnheiten des Zitierens festhalten, stellt sich ein Problem: Nicht alle Veröffentlichungen folgen denselben Prinzipien. Wer schon einmal ein Buch oder einen Aufsatz publiziert hat, wird mit Erstaunen bemerkt haben, daß jeder Verlag gewissen Eigenheiten bei der Angabe von Fundstellen folgt. Das Gleiche gilt auch für Hausarbeiten, bei denen Professoren unterschiedliche

---

1 *Kirchner/Butz*, Abkürzungsverzeichnis der Rechtssprache, 5. Aufl. (2003).

Anforderungen an das Zitat stellen. Wie soll man sich angesichts dieser verschiedenen Gebräuche verhalten?

Wir haben uns in Zweifelsfällen am Ziel orientert, dem Leser das Auffinden und Nachlesen der Fundstelle zu erleichtern. Dies führt dazu, daß wir uns an einigen Stellen zugunsten einer Zitierweise entscheiden mußten, die nicht in allen Veröffentlichungen befolgt wird. Auf die abweichende Praxis wird in diesem Fall hingewiesen. Selbstverständlich konnten aber schon aus Gründen des Platzes und der Übersichtlichkeit nicht alle Zitiergewohnheiten aufgenommen werden.

Der Text enthält ausführliche Erläuterungen zum Zitieren. Die wesentlichen Informationen sind in kurzen Regeln zusammengefaßt. Diese genügen, um sich einen Überblick zu verschaffen oder die wichtigsten Grundsätze zu wiederholen. Um alle Feinheiten zu verstehen, ist es jedoch notwendig, den gesamten Text zu lesen.

Beispiele sind mit einem seitlichen grauen Balken gekennzeichnet. Am Ende des jeweiligen Abschnitts der Zitierregeln finden sich Muster und abschließende Beispiele, die das Vorangegangene noch einmal verdeutlichen.

Dieses Buch ist aus der täglichen Praxis des Schreibens heraus entstanden. Wir haben uns bemüht, alle denkbaren Fragen zu stellen und die besten Antworten zu finden. Es ist jedoch unmöglich, alle Probleme und Gewohnheiten des Zitierens zu kennen. Wir sind daher auf Ihre Mithilfe angewiesen, um dieses Buch zu verbessern. Wenn Sie Zweifelsfragen haben, auf die wir nicht eingegangen sind, oder wenn Sie andere Gewohnheiten als die hier genannten kennen, wären wir Ihnen dankbar, wenn Sie uns diese unter der Adresse zitierfibel@web.de mitteilen würden.

Für Kritik und Anregungen bei der Erstellung dieses Buches danken wir Sabine Zschache, Dr. Thomas Groh, Anne Hamm, Deike Hempel und Ulrich M. Wolf. Dank gebührt ebenfalls den Redaktionen von NJW und JuS für die kritische Durchsicht des Manuskripts.

Sharon Byrd
Law & Language Center
Rechtswissenschaftliche Fakultät
Friedrich-Schiller-Universität
Carl-Zeiss-Straße 3
07743 Jena

Matthias Lehmann
Juristische Fakultät
Technische Universität Dresden
01062 Dresden

1. Teil: Zitierregeln

Die folgenden Ausführungen enthalten Regeln und Beispiele, wie man in rechtswissenschaftlichen Arbeiten zitiert. Sämtliche Beispiele beziehen sich auf Fußnoten, denn in der Rechtswissenschaft wird in Anmerkungen am Ende (am „Fuß“) der Seite zitiert. In Gerichtsurteilen setzt man dagegen Verweise innerhalb einer Klammer in den Text. Die hier aufgestellten Regeln gelten auch für diese Art des Zitierens.

Grundsätzlich finden die folgenden Regeln auch auf die Angabe von Fundstellen im Literaturverzeichnis Anwendung. Jedoch gelten insoweit einige Besonderheiten, die am Ende des jeweiligen Abschnitts vermerkt sind.

Praktische Ratschläge zur Gestaltung der Fußnote und des Literaturverzeichnisses finden Sie im zweiten Teil der Zitierfibel.

A. Wie zitiert man Monographien, Handbücher und Lehrbücher?

Vorbemerkung: Was sind Monographien und Handbücher?

Monographien sind wissenschaftliche Darstellungen, die einem einzelnen Gegenstand gewidmet sind[2]. Es handelt sich vornehmlich um Dissertationen, Habilitationsschriften oder andere von einem einzigen Autor gefertigte Bücher.

Handbücher erschließen ein Rechtsgebiet oder einen Bereich der Praxis umfassend. Sie werden meist von mehreren Autoren verfaßt.

I. Name des Autors

1. Familienname

Das Zitat eines von einer Person verfaßten Werkes beginnt mit dem Familiennamen des Autors (zu Werken von mehreren Autoren s.u. 3). Um den Namen hervorzuheben, wird er in kursiver Schrift geschrieben.

Der Familienname ist stets vollständig zu nennen, auch wenn es sich um einen Doppelnamen handelt.

> [1] *Dauner-Lieb*, Verbraucherschutz durch Ausbildung eines Sonderprivatrechts für Verbraucher, 1983, S. 57.

Akademische Bezeichnungen, wie „Prof." oder „Dr.", werden nicht genannt.

Trägt der Autor den Adelstitel „von", so ist dieser in der Fußnote vor den Familiennamen zu stellen (zur abweichenden Praxis im Literaturverzeichnis s.u. VI 1). Das „von" wird mit „v." abgekürzt. Es ist stets klein zu schreiben, auch wenn es am Beginn der Fußnote steht.

> [1] *v. Savigny*, System des heutigen Römischen Rechts VIII, 1849, S. 13.

Andere Adelstitel, wie Graf oder Freiherr, sind in der Fußnote wegzulassen.

---

[2] *Drosdowski* (Hrsg.), Duden, Das Große Fremdwörterbuch, 1994, Eintrag „Monographie".

[1] *v. Westphalen,* Die Bankgarantie im internationalen Handelsverkehr, 3. Aufl. (2005), S. 35.

Eine Ausnahme gilt für Titel, die Bestandteil des Familiennamens sind, wie das niederländische „van". Diese müssen ausgeschrieben werden. Steht der Titel am Beginn der Fußnote, ist er groß zu schreiben.

[1] *Van Gerven,* The European Union: A Polity of States and Peoples, 2005, S. 24.

Ist der Autor nicht bekannt, kann man statt des Namens ein „o. N." für „ohne Namensangabe" setzen.

Zum Zitieren von mehreren Werken desselben Autors s. u. J VII.

Regel A.1:	Das Zitat beginnt mit dem vollständigen Familiennamen des Autors.
Regel A.2:	Akademische Titel werden nicht genannt.
Regel A.3:	Statt „von" wird in der Fußnote „v." vor den Namen gestellt.
Regel A.4:	Andere Adelstitel werden in der Fußnote weggelassen.

2. Vorname

Der oder die Vornamen des Autors werden in der Fußnote nicht angegeben. Anderes gilt nur, wenn der Autor sonst verwechselt werden könnte. Eine Verwechslungsgefahr kann daraus folgen, daß es sich um einen besonders häufigen Familiennamen (wie z. B. Schmidt) handelt oder daß es noch einen anderen Autor mit demselben Namen gibt. Nennen Sie in diesem Fall den Vornamen des Autors. Alternativ kann man auch nur den Anfangsbuchstaben des Vornamens nennen. Hat der Autor mehrere Vornamen, geben Sie alle an.

[1] *Harm Peter Westermann*, Haftungsfragen bei Gründung und Finanzierung der GmbH und GmbH & Co. KG, 1984, S. 13.
(*Anderer Autor: Harry Westermann.*)

Gerade der Anfänger wird nur selten wissen, ob es noch andere Autoren mit demselben Familiennamen gibt. Er sollte sich deshalb daran orientieren, wie der Autor in der sonstigen Literatur zitiert wird.

Regel A.5:	In der Fußnote werden der oder die Vornamen des Autors weggelassen, außer es besteht Verwechslungsgefahr.

3. Mehrere Autoren

Ist ein Buch von mehreren Autoren verfaßt, ohne daß erkennbar ist, wer welchen Teil bearbeitet hat, müssen grundsätzlich die Namen aller angegeben werden. Sind es mehr als drei Autoren, genügt es, die ersten drei Namen anzugeben und dann die Abkürzung „u.a." für „und andere" oder „et al." für lateinisch „et alii" zu schreiben. Die Autorennamen werden durch Schrägstrich voneinander getrennt. Die Reihenfolge der Namen richtet sich nicht nach dem Alphabet, sondern ist von der Titelseite des Werkes zu übernehmen.

> [1] *Gernhuber/Coester-Waltjen*, Familienrecht, 5. Aufl. (2005), S. 17.

Ist ein Buch in Abschnitte geteilt, die von unterschiedlichen Autoren verfaßt wurden, dann muß zunächst in kursiver Schrift der Familienname des Bearbeiters der zitierten Stelle genannt werden. Danach sind ein Komma, das Wort „in" und ein Doppelpunkt zu setzen. Es folgt der Familienname des Herausgebers des Werkes. Er wird ebenfalls in kursive Schrift gesetzt.

> [3] *Erichsen*, in: *Erichsen/Ehlers*, Allgemeines Verwaltungsrecht, 12. Aufl. (2002), § 11 Rdnr. 45.

Trägt ein von mehreren Personen verfaßtes Werk nicht den Namen eines Herausgebers, sondern einen besonderen Sachnamen, so wird nur dieser genannt. Er wird in gerade Schrift gesetzt.

> [7] *Erle/Ring*, in: Beck'sches Handbuch der GmbH, 3. Aufl. (2002), § 1 Rdnr. 45.

Regel A.6:	Ist ein Werk insgesamt von mehreren Autoren verfaßt, müssen die Namen aller in der Reihenfolge aufgeführt werden, in der sie auf der Titelseite genannt sind.
Regel A.7:	Sind die einzelnen Abschnitte eines Werkes von verschiedenen Autoren verfaßt, wird zunächst der Familienname des jeweiligen Bearbeiters in kursiver Schrift genannt; danach folgen ein Komma, „in:" und der Familienname des Herausgebers in kursiver Schrift.
Regel A.8:	Bei Werken mit Sachnamen wird dieser statt des Namens des Herausgebers genannt.

II. Buchtitel

1. Wie zitiert man den Titel?

Auf den Namen des Autors folgt der Buchtitel. Dieser muß so, wie er auf dem Titelblatt angegeben ist, zitiert werden. Er ist nicht in Anführungszeichen zu setzen.

2. Muß man Untertitel zitieren?

Hat das Werk einen Untertitel, wird dieser in der Fußnote weggelassen. Zur Praxis beim Literaturverzeichnis s. u. VI 2.

3. Wie zitiert man mehrbändige Werke?

Hat ein Werk mehrere Bände, so ist die Nummer des Bandes mit römischen Ziffern zu nennen.

[1] *Roxin*, Strafrecht Allgemeiner Teil I, 2. Aufl. (1994), § 2 Rdnr. 97.

Ist der Band in Teilbände untergliedert, muß auch die Nummer des Teilbandes genannt werden. Sie wird in arabischen Ziffern geschrieben und durch Schrägstrich von der Nummer des Hauptbandes abgetrennt.

[1] *Larenz/Canaris*, Lehrbuch des Schuldrechts II/2, 13. Aufl. (1994), S. 213.

Regel A.9:	Der Buchtitel wird so, wie er im Buch angegeben ist, geschrieben.
Regel A.10:	Untertitel werden in der Fußnote weggelassen.
Regel A.11:	Hat das Werk mehrere Bände, so wird die Nummer des Bandes mit römischen Ziffern angegeben.
Regel A.12:	Hat der Band mehrere Teilbände, so wird die Nummer des Teilbandes mit arabischen Ziffern hinter der Nummer des Hauptbandes angegeben und von dieser durch Schrägstrich getrennt.

III. Auflage

Nach dem Titel muß die Auflage – abgekürzt „Aufl." – genannt werden. Handelt es sich um eine Erstauflage, braucht die Auflage nicht angegeben werden. Sie kann auch weggelassen werden, wenn ein Literaturverzeichnis erstellt wurde, denn in diesem Fall kann sich der Leser dort über die benutzte Auflage informieren. Sie kann ebenfalls weglassen werden, wenn nach oben verwiesen wird. S. dazu u. J VIII. Es sollte stets die aktuelle Auflage zitiert werden.

Regel A.13:	In der Fußnote ist auch die zitierte Auflage anzugeben, es sei denn, es wurde ein Literaturverzeichnis erstellt.
Regel A.14:	Bei einer Erstauflage entfällt die Angabe der Auflage.
Regel A.15:	Es sollte stets die aktuelle Auflage zitiert werden.

IV. Erscheinungsjahr

Grundsätzlich ist das Erscheinungsjahr des Werkes anzugeben. Eine Ausnahme gilt, wenn ein Literaturverzeichnis erstellt wurde. Dann kann das Erscheinungsjahr in der Fußnote weggelassen werden, weil der Leser es im Literaturverzeichnis nachsehen kann.

Bei einem Werk in der ersten Auflage wird das Erscheinungsjahr nach dem Buchtitel, durch Komma von diesem getrennt, angegeben.

> [21] *Meessen*, Economic Law in Globalizing Markets, 2004, S. 51.

Bei einem Buch in der zweiten oder einer höheren Auflage wird das Erscheinungsjahr nach der Auflage in runden Klammern angegeben.

> [1] *Roxin*, Strafrecht Allgemeiner Teil I, 4. Aufl. (2006), S. 45.

Das Erscheinungsjahr findet man entweder auf der Titelseite oder auf der Rückseite des Titelblattes des Werkes. Nicht entscheidend ist, wann das Buch fertiggestellt wurde oder mit welchem Datum das Vorwort unterzeichnet ist. Bei Nachdrucken muß nach dem Erscheinungsjahr des Originals in Klammern das Erscheinungsjahr des Nachdrucks angegeben werden.

> [1] *v. Savigny*, System des heutigen römischen Rechts VIII, 1849 (Nachdruck 1956), S. 32.

Falls das Erscheinungsjahr nicht im Werk genannt wird, kann man ein „o. J." für „ohne Jahresangabe" setzen.

Regel A.16:	Das Erscheinungsjahr muß angegeben werden, es sei denn, es wurde ein Literaturverzeichnis erstellt.
Regel A.17:	Bei einer Erstauflage ist das Erscheinungsjahr hinter den Buchtitel zu setzen und durch Komma abzutrennen. Bei einer höheren Auflage ist das Erscheinungsjahr nach der Nummer der Auflage in Klammern anzugeben.

Regel A.18:	Bei einem Nachdruck ist zuerst das Erscheinungsjahr des Originals und danach in Klammern das Erscheinungsjahr des Nachdrucks anzugeben.

V. Seite

1. Sollte man die Seite oder den Gliederungspunkt zitieren?

Nach dem Erscheinungsjahr und einem Komma ist die Seite zu nennen, auf die Bezug genommen wird. Ist das Werk in Paragraphen ohne allzu viele Unterteilungen gegliedert oder hat es Randnummern, dann ist es ratsam, diese statt der Seite zu zitieren, da sie sich in früheren oder späteren Auflagen leichter finden lassen.

> [1]*Larenz*, Lehrbuch des Schuldrechts I, 14. Aufl. (1987), § 14 I.
> [2]*Medicus*, Bürgerliches Recht, 20. Aufl. (2004), Rdnr. 823.

Bei manchen Werken beginnt die Numerierung in jedem Kapitel oder Paragraphen neu. In diesem Fall ist neben der Randnummer auch der Paragraph oder das Kapitel zu nennen. Für „Kapitel" kann die Abkürzung „Kap." verwendet werden.

> [134]*Schoch*, in: *Schmidt-Aßmann*, Besonderes Verwaltungsrecht, 12. Aufl. (2003), Kap. 2 Rdnr. 101.

2. Wie genau muß man die Seite zitieren?

Die Seite, auf die man sich bezieht, ist stets so genau wie möglich zu nennen. Wenn man von zwei aufeinanderfolgenden Seiten zitiert, ist hinter die Seitenzahl ein „f." für „folgende" zu setzen. Für mehrere Seiten wird oft ein „ff." gesetzt[3]. Allerdings ist dies zu unpräzise. Statt dessen ist es besser, die erste und die letzte der Seiten anzugeben, die man meint.

> [1]*Canaris*, Die Vertrauenshaftung im deutschen Privatrecht, 1971 (Nachdruck 1981), S. 20–23.

Falls mehrere über das Werk verstreute Seiten zitiert werden sollen, sind die Seitenzahlen hintereinander durch Kommata abgetrennt zu nennen.

---

[3] Die Abkürzung „ff." steht nicht für „fortfolgende", wie oft angenommen wird, sondern erklärt sich aus der im Lateinischen üblichen Verdoppelung des abgekürzten Anfangsbuchstabens, wenn dieser für ein Pluralwort steht. Daher steht etwa im Englischen „pp." für „pages" oder im Französischen „ss." für „suivantes".

[4] *Richardi*, Wertpapierrecht, 1987, S. 14, 20, 23.

Zieht sich eine bestimmte Aussage durch das gesamte Werk hin, so kann man auf diese Bezug nehmen, indem man hinter die Angabe einer Seite „und durchgehend“ oder „und passim“ (lateinisch für durchgehend) setzt.

[5] *Canaris*, Die Vertrauenshaftung im deutschen Privatrecht, 1971 (Nachdruck 1981), S. 20 und passim.

Regel A.19:	Die Stelle, auf die Bezug genommen wird, ist durch die Angabe der Seite, des Paragraphen oder der Randnummer genau zu bezeichnen.
Regel A.20:	Die Abkürzung „ff.“ sollte vermieden werden. Statt dessen sind konkrete Anfangs- und Endseiten zu nennen.

VI. Abweichungen im Literaturverzeichnis

Alle in der Arbeit zitierten Werke müssen im Literaturverzeichnis aufgeführt werden. S. dazu ausführlich u. K III. Für die Angabe im Literaturverzeichnis gelten einige gegenüber dem Zitat in Fußnoten abweichende Regeln:

1. Vorname des Autors und Zusatz für Herausgeber

Im Literaturverzeichnis ist nach dem Familiennamen stets der Vorname des Autors anzugeben. Er wird hinter den Familiennamen gesetzt und von diesem durch Komma abgetrennt. Ebenso wie der Familienname ist der Vorname kursiv zu schreiben.

Stein, Ursula, Lex mercatoria. Realität und Theorie, Frankfurt a. M. 1995.

Es sollte stets der vollständige Vorname angegeben werden. Hat ein Autor mehrere Vornamen, so sind alle zu nennen. Abgekürzte Vornamen sind zu übernehmen.

Meessen, Karl M., Völkerrechtliche Grundsätze des internationalen Kartellrechts, Baden-Baden 1975.

Bei Werken mehrerer Autoren müssen die Vornamen aller angegeben werden.

Esser, Josef/Schmidt, Eike, Schuldrecht Bd. I – Allgemeiner Teil, Teilbd. 1 – Entstehung, Inhalt und Beendigung von Schuldverhältnissen, 8. Aufl., Heidelberg 1995.

Hat das Werk einen Herausgeber, ist dieser im Literaturverzeichnis zuerst zu nennen. Der Familienname und alle Vornamen sind auszuschreiben. Dahinter folgt in Klammern der Zusatz „Hrsg.“. Es ist ratsam, in Klammern die Zitierweise anzugeben. S. dazu auch u. 5 sowie B VIII 4.

> *Assmann, Heinz-Dieter/Schütze, Rolf A.* (Hrsg.), Handbuch des Kapitalanlagerechts, 2. Aufl., München 1997 (zitiert: *Bearbeiter*, in: *Assmann/Schütze*).

Von mehreren Personen verfaßte Werke mit einem Sachnamen (s. o. I 3) werden unter dieser Bezeichnung eingeordnet. Der Sachname wird im Literaturverzeichnis kursiv geschrieben, als ob es sich um den Namen einer Person handelte. Dahinter wird ein „hrsg. v.“ für „herausgegeben von“ gesetzt. Es folgen die vollständigen Namen der Herausgeber. Sie werden in kursive Schrift gesetzt und durch Schrägstrich voneinander getrennt. Auch hier empfiehlt sich die Angabe einer abgekürzten Zitierweise.

> *Beck'sches Handbuch der GmbH*, hrsg. v. *Müller, Welf/Hense, Burkhard*, 3. Aufl., München 2002 (zitiert: *Bearbeiter*, in: Beck'sches Handbuch der GmbH).

Adelstitel sind im Literaturverzeichnis auszuschreiben und hinter den Vornamen zu stellen. Sie wirken sich auf die alphabetische Einordnung im Literaturverzeichnis nicht aus, näher dazu u. K V.

> *Westphalen, Friedrich Graf von*, Die Bankgarantie im internationalen Handelsverkehr, Heidelberg 1982.

2. Untertitel

Hat ein Werk einen Untertitel, so sollte dieser im Literaturverzeichnis angegeben werden, wenn erst durch ihn der Inhalt des Werkes oder die Bedeutung für die eigene Arbeit erkennbar wird. Er ist durch einen Punkt vom Haupttitel abzutrennen.

> *Dörner, Heinrich*, Dynamische Relativität. Der Übergang vertraglicher Rechte und Pflichten, München 1985.

3. Mehrbändige Werke

Bei Werken mit mehreren Bänden wird im Literaturverzeichnis die Nummer des Bandes mit der Abkürzung „Bd.“ eingeleitet. Neben der Nummer ist auch der Titel des Bandes zu nennen. Er ist durch einen

Gedankenstrich von der Nummer des Bandes abzutrennen. Aufzählungen werden durch Punkt getrennt.

Roxin, Claus, Strafrecht Allgemeiner Teil, Bd. I – Grundlagen. Der Aufbau der Verbrechenslehre, 4. Aufl., München 2006.

4. Erscheinungsort

Im Literaturverzeichnis muß neben dem Erscheinungsjahr auch der Erscheinungsort des Werkes genannt werden. Der Verlag ist dagegen nicht aufzuführen. Der Erscheinungsort wird zuerst genannt, danach folgen ein Leerzeichen und das Erscheinungsjahr.

Der Erscheinungsort läßt sich am besten von der Rückseite des Titelblattes abschreiben. Ausländische Ortsbezeichnungen (Beispiel: Milano) sind in deutsche umzuwandeln (Beispiel: Mailand). Abkürzungen wie „NY" für die Stadt New York sind unzulässig. Hat der Erscheinungsort einen regionalen Zusatz, so ist dieser anzugeben. Er kann abgekürzt werden.

Giefers, Hans-Werner, Das Recht des Kaufmanns, 7. Aufl., Freiburg i. Br. 1991.

Sind mehrere Erscheinungsorte angegeben, so sind diese grundsätzlich vollständig anzugeben und durch Kommata voneinander abzutrennen.

Oetker, Hartmut/Maultzsch, Felix, Vertragliche Schuldverhältnisse, 2. Aufl., Berlin, Heidelberg, New York 2004.

Hat ein Buch mehr als drei Erscheinungsorte, kann nach dem ersten Erscheinungsort die Abkürzung „u. a." gesetzt werden.

Wieling, Hans Josef, Sachenrecht, 4. Aufl., Berlin u. a. 2001.

Bei veröffentlichten Dissertationen kann man auch den Ort der Universität und das Jahr der Promotion angeben. Diese setzt man in Klammern hinter den Erscheinungsort und das Erscheinungsjahr. Davor schreibt man die Abkürzungen „zugl. Diss." für „zugleich Dissertation".

Zuber, Andreas, Die EG-Kommission als amicus curiae: die Zusammenarbeit der Kommission und der Zivilgerichte der Mitgliedstaaten bei der Anwendung der Wettbewerbsregeln des EG-Vertrages, Köln u. a. 2001 (zugl. Diss. Jena 2000).

Bei unveröffentlichten Dissertationen setzt man diese Angaben an die Stelle von Erscheinungsort und -jahr. Davor schreibt man die Abkürzung „Diss.“.

> *Riegler, Stefan,* Schiedsverfahren und Konkurs, Diss. Wien 2004.

Ist im Werk kein Erscheinungsort angegeben, ist an dessen Stelle ein „o. O.“ für „ohne Ortsangabe“ zu schreiben.

5. Angabe der Zitierweise

Wenn ein Werk einen Herausgeber hat (s. o. 1) oder wenn man es besonders häufig zitiert, empfiehlt es sich, im Literaturverzeichnis eine abgekürzte Zitierweise zu definieren, die man innerhalb der Fußnoten verwendet. Die Zitierweise ist in Klammern am Ende des Eintrags zu nennen.

> *Roxin, Claus,* Strafrecht Allgemeiner Teil, Bd. I – Grundlagen. Der Aufbau der Verbrechenslehre, 4. Aufl., München 2006 (zitiert: *Roxin*).

Regel A.21:	Im Literaturverzeichnis sind hinter den Familiennamen der oder die Vornamen des Autors anzugeben.
Regel A.22:	Bei Herausgebern ist hinter den oder die Namen der Zusatz „(Hrsg.)“ zu setzen. Die Namen mehrerer Herausgeber sind durch Schrägstrich voneinander zu trennen.
Regel A.23:	Vor dem Erscheinungsjahr ist der Erscheinungsort anzugeben.
Regel A.24:	Mehrere Erscheinungsorte sind durch Kommata voneinander zu trennen.

Muster für Zitat einer Monographie, eines Lehr- oder eines Handbuches in der Fußnote:

1. Ein oder mehrere Autoren:
   Familienname des Autors/evtl. weiterer Autor, Titel, evtl. Band/Teilband, Aufl. (Jahr), S. (genaue Seite).
2. Herausgeber:
   Familienname des Bearbeiters, in: *Familienname des Herausgebers* (Hrsg.), Titel, evtl. Band/Teilband, Aufl. (Jahr), S. (genaue Seite).

Muster für Zitat einer Monographie, eines Lehr- oder eines Handbuches im Literaturverzeichnis:

1. Ein oder mehrere Autoren:
   Familienname, Vorname des Autors/evtl. weitere Autoren, Titel des Werkes, evtl. Bd. Bandnummer – Titel des Bandes, Aufl., Erscheinungsort -jahr.
2. Herausgeber:
   Familienname, Vorname des Herausgebers/evtl. weitere Herausgeber (Hrsg.), Titel des Werkes, evtl. Bd. Bandnummer – Titel des Bandes, Aufl., Erscheinungsort -jahr (zitiert:).

Abschließende Beispiele für Fußnoten:

[1] *Henssler,* Risiko als Vertragsgegenstand, 1994, S. 593.
[2] *Hubmann/Götting,* Gewerblicher Rechtsschutz, 7. Aufl. (2002), § 2 Rdnr. 14.
[3] *Schumann,* Verfassungs- und Menschenrechtsbeschwerde gegen richterliche Entscheidungen, 1963, S. 206.
[4] *Rüfner,* in: *Isensee/Kirchof,* Handbuch des Staatsrechts V, 2. Aufl. (2000), § 116 Rdnr. 54.

Abschließende Beispiele für Literaturverzeichnis:

Baur, Jürgen F./Stürner, Rolf, Sachenrecht, 17. Aufl., München 1999.
Dahm, Georg/Delbrück, Jost/Wolfrum, Rüdiger, Völkerrecht, Bd. I/1 – Die Grundlagen. Die Völkerrechtssubjekte, 2. Aufl., Berlin, New York 1989.
Gierke, Otto von, Deutsches Privatrecht, Bd. II – Sachenrecht, Leipzig 1905 (Nachdruck 1999).
Semler, Johannes/Schenck, Kersten von (Hrsg.), Arbeitshandbuch für Aufsichtsratsmitglieder, 2. Aufl., München 2004 (zitiert: *Bearbeiter,* in: *Semler/ v. Schenck*).

B. Wie zitiert man Kommentare?

Vorbemerkung: Was sind Kommentare?

Unter Kommentaren versteht man nichtamtliche Erläuterungen zu Gesetzen. Ein Gesetz wird Paragraph für Paragraph oder Artikel für Artikel kommentiert. Das Zitieren von Kommentaren bereitet erfahrungsgemäß große Schwierigkeiten, weil neben dem Namen des Kommentars und der Vorschrift auch der Name des jeweiligen Bearbeiters genannt werden muß.

I. Name des Kommentars

Zuerst wird der Name des Kommentars genannt. Dazu ist zwischen Kommentaren mit Personennamen und mit Sachnamen zu unterscheiden.

1. Kommentare mit Personennamen

Manche Kommentare werden über den Namen einer oder mehrerer Personen identifiziert. Einen solchen Kommentar erkennt man daran, daß sein Titel nur aus dem offiziellen Namen des kommentierten Gesetzes besteht, eventuell mit dem Zusatz „Kommentar". Bei dieser Art von Kommentaren ist in der Fußnote zuerst der Familienname des Verfassers oder des Herausgebers zu nennen. Dabei kann es sich auch um den Namen eines früheren Herausgebers oder Verfassers handeln, der weitergeführt wird, z. B. „Palandt". Handelt es sich um mehrere Personen, müssen die Namen aller getrennt durch Schrägstrich – ohne Leerzeichen – und in kursiver Schrift genannt werden.

[9] *Schönke/Schröder,* StGB, 26. Aufl. (2001).

2. Kommentare mit Sachnamen

Kommentare, die über einen Sachnamen identifiziert werden, tragen neben dem Titel des kommentierten Gesetzes einen besonderen Zusatz. Meist handelt es sich dabei um eine Ortsbezeichnung. In der Fußnote wird der Sachname des Kommentars zitiert. Gibt es eine Abkürzung, kann diese verwendet werden.

Erfurter Kommentar zum Arbeitsrecht (abgekürzt ErfK)
Kölner Kommentar zum Aktiengesetz (abgekürzt Kölner Komm. AktG)
Leipziger Kommentar zum Strafgesetzbuch (abgekürzt LK)

Zu beachten ist, daß es verschiedene Kommentare mit der gleichen Ortsbezeichnung gibt. Zitiert man einen von ihnen, sollte man daher darauf hinweisen, welches Gesetz er betrifft. Dazu wird das Gesetz in der üblichen Abkürzung (s. Anhang I 4) hinter dem Kürzel des Kommentars genannt. Bei bestimmten Kommentaren wird die Gesetzesabkürzung manchmal weggelassen, z. B. beim Münchener Kommentar zum BGB.

Karlsruher Kommentar zum Gesetz über Ordnungswidrigkeiten (abgekürzt KK-OWiG)
Karlsruher Kommentar zur Strafprozessordnung (abgekürzt KK oder KK-StPO)
Münchener Kommentar zum Aktiengesetz (abgekürzt MünchKomm-AktG).
Münchener Kommentar zum Bürgerlichen Gesetzbuch (abgekürzt MünchKomm oder MünchKomm-BGB).
Münchener Kommentar zum Handelsgesetzbuch (abgekürzt MünchKomm-HGB).
Münchener Kommentar zum Strafgesetzbuch (abgekürzt MünchKomm-StGB).
Münchener Kommentar zur Insolvenzordnung (abgekürzt MünchKomm-InsO).
Münchener Kommentar zur Zivilprozeßordnung (abgekürzt MünchKomm-ZPO).

Sachnamen von Kommentaren werden in der Fußnote in gerader und nicht in kursiver Schrift geschrieben.

[1] ErfK/*Kania*, 6. Aufl. (2006), § 90 BetrVG Rdnr. 13.

Im Anhang I 10 dieses Buch finden Sie eine Auflistung üblicher Abkürzungen für Kommentare. Oft findet sich auf der Rückseite des Titelblatts oder an anderer Stelle im Kommentar ein Zitiervorschlag. Dieser ist ebenfalls ein wertvoller Hinweis für die Zitierweise.

Regel B.1:	Ist der Titel eines Kommentars identisch mit dem Namen eines Gesetzes, so wird der Name des Verfassers oder Herausgebers in kursiver Schrift genannt.
Regel B.2:	Trägt der Kommentar neben dem Titel des Gesetzes eine besondere Bezeichnung, so wird der Sachname in gerader Schrift genannt.

II. Name des Bearbeiters

Nach dem Namen des Kommentars wird der Familienname des Autors angegeben, der die zitierte Stelle bearbeitet hat. In den meisten Kommentaren wird der Bearbeiter in der Fußzeile jeder Seite genannt. Bei anderen findet sich am Beginn ein sogenanntes Bearbeiterverzeichnis, in dem angegeben ist, wer welche Vorschrift bearbeitet hat.

Der Name des Bearbeiters wird kursiv geschrieben. Er wird durch Schrägstrich vom Namen des Kommentars abgetrennt.

[1] *Palandt/Heinrichs*, BGB, 65. Aufl. (2006), § 280 Rdnr. 70.

Es wird nur der Familienname des Bearbeiters genannt, außer, es besteht Verwechslungsgefahr, s. dazu o. A I 2. In diesem Fall muß der Vorname des Bearbeiters hinzugefügt werden.

[1] *Jauernig/Christian Berger*, BGB, 11. Aufl. (2004), § 439 Rdnr. 13.

Bearbeiten mehrere Autoren eine Randnummer, müssen alle genannt werden. Für die Reihenfolge der Bearbeiter ist die Aufzählung im Kommentar entscheidend; auf die alphabetische Reihenfolge kommt es nicht an. Die Namen der Bearbeiter werden durch Schrägstrich voneinander abgetrennt. Zum Ausschluß von Verwechslungen mit dem Namen des Kommentars empfiehlt es sich, die Namen mehrerer Bearbeiter vor den des Kommentars zu setzen. Dazwischen stehen ein Komma, das Wort „in" und ein Doppelpunkt.

[1] *Jickeli/Stieper*, in: *Staudinger*, BGB, Neubearb. 2004, Vorb. z. §§ 90–103 Rdnr. 8.

Diese besondere Zitierweise gilt auch für Kommentare mit mehreren Herausgebern oder besonders langem Namen.

[21] *Eser*, in: *Schönke/Schröder*, StGB, 26. Aufl. (2001), § 222 Rdnr. 5.

Man kann dieses Problem auch dadurch lösen, daß man den Namen des Bearbeiters in kursiver Schrift hinter den in gerader Schrift geschriebenen Namen des Kommentars setzt.

[21] Schönke/Schröder/*Eser*, StGB, 26. Aufl. (2001), § 222 Rdnr. 5.

Die Angabe des Bearbeiters entfällt, wenn ein Kommentar von einer einzigen Person verfaßt wurde. Wenn der Bearbeiter der zitierten

Stelle gleichzeitig der Herausgeber ist, wird sein Name nur einmal angegeben.

[1] *Jauernig*, BGB, 11. Aufl. (2004), § 134 Rdnr. 15.

Die Reihenfolge, in der die Kommentare innerhalb einer Fußnote aufgezählt werden, richtet sich nach den Namen der Bearbeiter, nicht nach den Namen der Kommentare. S. auch u. J VI.

[1] *Palandt/Heinrichs*, BGB, 65. Aufl. (2006), § 280 Rdnr. 1;
Jauernig/Stadler, BGB, 11. Aufl. (2004), § 280 Rdnr. 1.

Regel B.3:	Nach dem Namen des Kommentars wird, durch Schrägstrich abgetrennt, der Bearbeiter der zitierten Kommentierung in kursiver Schrift genannt.
Regel B.4:	Bei Kommentaren mit besonders langen Namen oder einer Vielzahl von Herausgebern wird der Name des Bearbeiters vor den Namen des Kommentars gestellt. Dazwischen werden ein Komma und ein „in:" gesetzt.

III. Titel des kommentierten Gesetzes

Nach den Namen des Kommentars und des Bearbeiters muß der Titel des kommentierten Gesetzes genannt werden. Dazu sind Abkürzungen zu verwenden. Zu den gebräuchlichsten s. u. Anhang I 4.

[1] *Sachs/Kokott*, GG, 3. Aufl. (2003), Art. 12 a Rdnr. 4.

Der Titel des Gesetzes kann in zwei Fällen weggelassen werden. Erstes ist es seine Angabe unnötig, wenn er sich schon aus der Abkürzung des Sachtitels ergibt.

[1] *Bayer*, in: MünchKomm-AktG, 2. Aufl. (2003), § 67 Rdnr. 4.

Zweitens kann der Titel des kommentierten Gesetzes weglassen werden, wenn ein Literaturverzeichnis erstellt und in diesem der Name des Verfassers oder Herausgebers als abgekürzte Zitierweise angegeben wurde.

Literaturverzeichnis:

Palandt, Kommentar zum Bürgerlichen Gesetzbuch, bearb. v. *Bassenge, Peter/Brudermüller, Gerd/Diederichsen, Uwe* u. a., 65. Aufl., München 2006 (zitiert: *Palandt/Bearbeiter*).
Fußnote:
[14] *Palandt/Heinrichs*, § 134 Rdnr. 1.

Eine Ausnahme gilt, wenn das Gesetz, auf dessen Kommentierung man sich bezieht, von dem im Titel des Kommentars genannten Gesetz abweicht. Dann ist bei der kommentierten Vorschrift das jeweilige Gesetz zu nennen. S. dazu u. VI.

Zu wiederholt zitierten Werken s. u. J VIII.

Regel B.5:	Der Name des kommentierten Gesetzes muß angegeben werden, es sei denn, er ergibt sich aus dem Titel des Kommentars oder es wurde ein Literaturverzeichnis erstellt und dort eine abgekürzte Zitierweise definiert.

IV. Auflage oder Stand

Nach dem Titel des Kommentars, dem Namen des Bearbeiters und dem Titel des Gesetzes muß die Auflage des Kommentars angeben werden. Dazu ist die Abkürzung „Aufl." zu verwenden.

[1] *Soergel/Stürner*, BGB, 13. Aufl. (2002), § 888 Rdnr. 1.

Handelt es sich um die erste Auflage, muß sie nicht genannt werden. S. dazu o. A III sowie u. V.

Die Auflage kann auch weglassen werden, wenn ein Literaturverzeichnis erstellt wurde, weil der Leser sich dann dort über die verwendete Auflage informieren kann. Zu wiederholt zitierten Werken s. u. J VIII.

[1] *Soergel/Stürner*, § 888 Rdnr. 1.

Bei Loseblattwerken wird statt der Auflage der Stand angegeben. Er ergibt sich aus der Liste der Nachlieferungen am Beginn des Kommentars oder aus dem Titelblatt. Soweit erkennbar, ist das Datum der letzten Nachlieferung der zitierten Kommentierung, nicht des Kommentars insgesamt anzugeben. Die Nummer der Nachlieferung muß nicht angegeben werden. Der Stand wird in Klammern hinter den Hinweis „Losebl." gesetzt. Die Angabe des Standes entfällt, wenn ein Literaturverzeichnis erstellt wurde.

[45] *Söfker*, in: *Ernst/Zinkahn/Bielenberg/Krautzberger*, BauGB, Losebl. (Stand: Februar 2000), § 34 Rdnr. 1.

Eine besondere Regel erfordert der Staudinger. Seit der 13. Auflage werden die Bände nicht mehr zusammen aufgelegt, sondern nur noch einzelne Bände neu bearbeitet. Daher wird nicht die Auflage, sondern die Abkürzung „Neubearb." für „Neubearbeitung" geschrieben.

Danach nennt man das Jahr, in dem der jeweilige Band bearbeitet wurde.

[67]*Staudinger/Löwisch*, BGB, Neubearb. 2004, § 285 Rdnr. 1.

Regel B.6:	Die benutzte Auflage muß angegeben werden, es sei denn, es handelt sich um eine Erstauflage oder es wurde ein Literaturverzeichnis erstellt.
Regel B.7:	Bei Loseblattwerken ist die Abkürzung „Losebl." zu setzen und in Klammern der Stand anzugeben.
Regel B.8:	Beim „Staudinger" wird seit der 13. Aufl. hinter der Abkürzung „Neubearb." das Jahr der Neubearbeitung angegeben.

V. Erscheinungsjahr

Nach der Auflage folgt das Erscheinungsjahr der verwendeten Auflage. Dieses ist in runde Klammern hinter die Auflage zu setzen. Bei Erstauflagen wird das Erscheinungsjahr durch Kommata abgetrennt hinter dem Titel des Kommentars genannt, s. o. A IV. Hat der Kommentar mehrere Bände und sind diese in unterschiedlichen Jahren erschienen, so führt man das Jahr an, in dem der benutzte Band veröffentlicht wurde. Ist der Band in mehreren Lieferungen erschienen, nennt man das Jahr der jeweiligen Lieferung.

[6]LK/*Jähnke*, StGB, 11. Aufl. (2001), § 211 Rdnr. 63.

Das Erscheinungsjahr kann ebenso wie die Auflage weglassen werden, wenn ein Literaturverzeichnis erstellt wurde.

[6] LK/*Jähnke*, § 211 Rdnr. 63.

Regel B.9:	Das Erscheinungsjahr des Kommentars muß in Klammern angegeben werden, es sei denn, es wurde ein Literaturverzeichnis erstellt.

VI. Kommentierte Vorschrift

Auf das Erscheinungsjahr folgt, abgetrennt durch Komma, der Paragraph oder Artikel, aus dessen Kommentierung zitiert wird. Werden einzelne Absätze gesondert kommentiert, muß auch der jeweilige Absatz genannt werden.

[3]*Sachs/Kokott*, GG, 3. Aufl. (2003), Art. 4 III Rdnr. 83.

Werden in einem Kommentar verschiedene Gesetze erläutert, muß hinter der Nummer des Paragraphen oder Artikels auch das jeweilige Gesetz genannt werden, aus dem die kommentierte Vorschrift stammt.

[16] *Beck*, in: *Schwark*, Kapitalmarktrechts-Kommentar, 3. Aufl. (2004), § 8 WpHG Rdnr. 2.

Der Name des Gesetzes kann weggelassen werden, wenn er sich bereits aus dem Titel des Kommentars ergibt.

[3] *Hüffer*, AktG, 6. Aufl. (2004), § 67 Rdnr. 3.

Der Name des erläuterten Gesetzes ist hingegen anzuführen, wenn er von dem im Titel des Kommentars genannten Gesetz abweicht.

[57] *Palandt/Bassenge*, BGB, 65. Aufl. (2006), § 2 WEG Rdnr. 1.

Handelt es sich bei der Kommentierung um eine Vorbemerkung oder einen Anhang zu einer oder mehreren Bestimmungen, so muß dies deutlich gekennzeichnet werden.

[58] *Staudinger/Marburger*, BGB, Neubearb. 2002, Vorb. z. §§ 793–808 Rdnr. 68.

Regel B.10:	Es ist die Vorschrift zu nennen, auf deren Kommentierung Bezug genommen wird.
Regel B.11:	Es ist weiterhin der Name des Gesetzes anzugeben, aus dem die kommentierte Vorschrift stammt, es sei denn, er ergibt sich bereits aus dem Titel des Kommentars.

VII. Randnummer

Nach der Vorschrift muß die genaue Randnummer genannt werden, aus der zitiert wird. Sie wird mit „Rdnr." – oder in der Mehrzahl: „Rdnrn." – abgekürzt. Ebenfalls zulässig ist die Abkürzung „Rn.".

[6] *Erman/v. Westphalen*, BGB, 11. Aufl. (2004), § 604 Rdnr. 2.

Befindet sich die Nummer nicht am Rand, sondern im Text, dann spricht man von einer „Anmerkung" – abgekürzt „Anm.". Falls ein Kommentar keine Randnummern, sondern nur Anmerkungen enthält, ist die Nummer der jeweiligen Anmerkung zu nennen.

[1] *Planck*, BGB, 4. Aufl. (1920), § 874 Anm. 4.

Regel B.12:	Die genaue Randnummer, auf die Bezug genommen wird, ist mit „Rdnr." oder „Rn." zu zitieren.
Regel B.13:	Befinden sich keine Nummern am Rand, sondern nur im Text, dann werden diese mit „Anm." zitiert.

VIII. Abweichungen im Literaturverzeichnis

1. Name des Kommentars

Bei Kommentaren mit Personennamen (s. o. I 1) wird zunächst der Name des Verfassers oder des Herausgebers genannt. Im Literaturverzeichnis müssen neben dem Familiennamen auch der oder die Vornamen genannt werden. Der komplette Name wird in kursiver Schrift geschrieben. Dahinter setzt man bei Herausgebern in Klammern in gerader Schrift den Zusatz „Hrsg". Es folgt der Titel des Gesetzes. Im Literaturverzeichnis werden keine Abkürzungen benutzt; der Name des Gesetzes ist auszuschreiben. Es ist darauf hinzuweisen, daß es sich um einen Kommentar handelt, soweit dies nicht bereits aus dem Namen hervorgeht.

> *Jauernig, Othmar* (Hrsg.), Bürgerliches Gesetzbuch, Kommentar, 11. Aufl., München 2004 (zitiert: *Jauernig/Bearbeiter*).

Trägt der Kommentar den Namen eines früheren Herausgebers oder Verfassers (s. o. I 1), ist dieser zuerst zu nennen. Weil es sich nicht um eine lebende Person handelt, sind der Vorname und der Zusatz „Hrsg." wegzulassen. Es folgt der vollständige Titel des Kommentars. Danach werden der Familienname und der Vorname des aktuellen Herausgebers genannt. Er wird mit der Abkürzung „hrsg. v." für „herausgegeben von" eingeleitet und kursiv geschrieben.

> *Soergel*, Kommentar zum Bürgerlichen Gesetzbuch, hrsg. v. *Siebert, Wolfgang*, Bd. II – Allgemeiner Teil 2. §§ 104–240, 13. Aufl. Stuttgart, Berlin, Köln 1999 (zitiert: *Soergel/Bearbeiter*).

Bei Kommentaren mit Sachnamen (s. o. I 2) ist zuerst dieser zu nennen. Der Sachname entscheidet auch über die alphabetische Einordnung des Kommentars in das Literaturverzeichnis. Er wird in kursive Schrift gesetzt, so als ob es sich um den Namen einer Person handelte. Es folgen die Abkürzung „hrsg. v." und in kursiver Schrift der vollständige Name des Herausgebers. Handelt es sich um mehrere Herausgeber, werden deren Namen durch Schrägstrich voneinander abgetrennt.

Großkommentar zum Aktiengesetz, hrsg. v. *Hopt, Klaus J./Wiedemann, Herbert*, Bd. I – Einleitung. §§ 1–53, 4. Aufl., Berlin 2004 (zitiert: *Bearbeiter*, in: Großkomm. AktG)

Hat ein Kommentar mehr als drei Herausgeber, genügt es, wenn nur drei genannt werden und anstelle der anderen der Zusatz „u. a." – für „und andere" – gesetzt wird.

Beck'scher TKG-Kommentar, hrsg. v. *Büchner, Wolfgang/Ehmer, Jörg/Geppert, Martin* u. a., 2. Aufl., München 2000 (zitiert: *Bearbeiter*, in: Beck'scher TKG-Kommentar).

Hat der Kommentar keinen Herausgeber, sondern nur Bearbeiter, dann sind diese nach dem Einschub „bearbeitet von" (abgekürzt „bearb. v.") zu nennen. Die Namen sind kursiv zu schreiben. Bei mehr als drei Bearbeitern genügen die Namen der ersten drei mit dem Zusatz „u. a.".

Palandt, Kommentar zum Bürgerlichen Gesetzbuch, bearb. v. *Bassenge, Peter/Brudermüller, Gerd/Diederichsen, Uwe* u. a., 65. Aufl., München 2006.

Regel B.14: Bei Kommentaren mit Personennamen wird im Literaturverzeichnis zuerst der vollständige Name des Verfassers oder Herausgebers genannt, letzterer mit dem Zusatz „(Hrsg.)". Danach folgen der ausgeschriebene Titel des Gesetzes sowie das Wort „Kommentar".

Regel B.15: Bei Kommentaren mit Sachnamen wird zuerst dieser genannt. Es folgen der Zusatz „hrsg. v." und der Name des Herausgebers.

Regel B.16: Hat der Kommentar keinen Herausgeber, dann werden nach der Abkürzung „bearb. v." der oder die Bearbeiter genannt.

2. Erscheinungsort und -jahr

Im Literaturverzeichnis muß neben dem Erscheinungsjahr auch der Erscheinungsort angegeben werden. Der Erscheinungsort wird zuerst genannt. Es folgt nach einem Leerzeichen das Erscheinungsjahr. S. dazu o. AVI 4.

Regel B.17: Im Literaturverzeichnis müssen Erscheinungsort und -jahr genannt werden.

3. Mehrbändige Kommentare

Bei mehrbändigen Kommentaren muß jeder verwendete Band einzeln aufgeführt werden. Die Nummer des jeweiligen Bandes ist mit der Abkürzung „Bd." in römischen Ziffern anzugeben. Nach einem Gedankenstrich ist der Titel des Bandes aufzuführen. Er besteht in der Regel aus den im Band kommentierten Paragraphen oder Artikeln. Es empfiehlt sich, nach jedem Band einen neuen Absatz zu beginnen.

> *Münch, Ingo von/Kunig, Philip* (Hrsg.), Grundgesetz, Kommentar, 5. Aufl.
> Bd. I – Art. 1–19, München 2000,
> Bd. II – Art. 20–69, München 2001,
> Bd. III – Art. 70–146, München 2003.

Es ist darauf zu achten, daß alle zitierten Bände zur selben Auflage gehören. Falls nicht, muß die Auflage bei jedem Band gesondert angegeben werden. Auch wenn alle Bände aus derselben Auflage stammen, müssen Erscheinungsort und -jahr für jeden einzeln genannt werden, denn diese können voneinander abweichen.

> *Münchener Kommentar zum Aktiengesetz*, hrsg. v. *Kropff, Bruno/Semler, Johannes*, 2. Aufl.
> Bd. I – §§ 1–53, München 2000,
> Bd. II – §§ 53 a-75, München 2003
> (zitiert: *Bearbeiter*, in: MünchKomm-AktG).

Regel B.18:	Bei mehrbändigen Kommentaren müssen Nummer und Titel der verwendeten Bände sowie die in dem Band kommentierten Paragraphen oder Artikel angegeben werden.
Regel B.19:	Für jeden Band müssen Erscheinungsort und -jahr angegeben werden.

4. Angabe der Zitierweise

Bei Kommentaren mit mehreren Bearbeitern und einem oder mehreren Herausgebern wird am Ende in Klammern die Zitierweise angegeben. Es ist „*Bearbeiter*" an der Stelle zu schreiben, an der der Bearbeiter in der Fußnote genannt werden soll.

> *Ernst, Werner/Zinkahn, Willy/Bielenberg, Walter/Krautzberger, Michael* (Hrsg.), Baugesetzbuch, Bd. I, Losebl. (Stand: September 2005) (zitiert: *Bearbeiter*, in: *Ernst/Zinkahn/Bielenberg/Krautzberger*).

Regel B.20: Bei Kommentaren mit einem Herausgeber ist es üblich, die Zitierweise im Literaturverzeichnis anzugeben.

Muster für Zitat eines Kommentars in der Fußnote:

1. Wenn kein Literaturverzeichnis erstellt:
Name des Kommentars/Bearbeiter, Aufl. (Erscheinungsjahr), Art. *oder* § Rdnr.
oder *Bearbeiter,* in: *Name des Kommentars,* Aufl. (Erscheinungsjahr), Art. *oder* § Rdnr.
2. Wenn Literaturverzeichnis erstellt:
Name des Kommentars/Bearbeiter, Art. *oder* § Rdnr.
oder *Bearbeiter,* in: *Name des Kommentars,* Art. oder § Rdnr.

Muster für Zitat eines Kommentars im Literaturverzeichnis:

1. Kommentar mit Personenname:
Familienname des Hrsg. oder Verfassers, Vorname evtl. (Hrsg.), Gesetzesname, Kommentar, Aufl., Bd. Bandnummer – Titel des Bandes, Erscheinungsort und -jahr (zitiert:).
2. Kommentar mit Sachname:
Sachname, hrsg. v. *oder* bearb. v., *Familienname, Vorname,* Aufl., Bd. Bandnummer – Titel des Bandes, Erscheinungsort und -jahr (zitiert:).

Abschließende Beispiele für Fußnote:

[1] *Gummer/Heßler,* in: *Zöller,* ZPO, 24. Aufl. (2004), § 513 Rdnr. 6.
[2] *Musielak/Heinrich,* ZPO, 4. Aufl. (2005), § 36 Rdnr. 18.
[3] *Patzina,* in: MünchKomm-ZPO, 2. Aufl. (2000), § 36 Rdnr. 24.

Abschließende Beispiele für Literaturverzeichnis:

Erman, Bürgerliches Gesetzbuch, hrsg. v. *Westermann, Harm Peter,* 11. Aufl., Bd. I – §§ 1–811, Köln 2004 (zitiert: *Erman/Bearbeiter*).
Kopp, Ferdinand O./Schenke, Wolf-Rüdiger, Verwaltungsgerichtsordnung, Kommentar, 14. Aufl., München 2005 (zitiert: *Bearbeiter,* in: *Kopp/Schenke*).
Staudinger, Kommentar zum Bürgerlichen Gesetzbuch,
Buch 1 – Allgemeiner Teil
§§ 90–133. §§ 1–54, 63 BeurkG, Berlin 2004
§§ 134–163, Berlin 2003
Buch 2 – Recht der Schuldverhältnisse
§§ 741–764, Berlin 2002
§§ 779–811, Berlin 1997
(zitiert: *Staudinger/Bearbeiter*).

C. Wie zitiert man Aufsätze?

I. Name des Autors

Wird ein Aufsatz in einer Fußnote zitiert, so muß zuerst der Familienname des Autors angegeben werden. Der Vorname wird weggelassen. Die Familiennamen mehrerer Autoren werden durch Schrägstrich voneinander getrennt. Der oder die Autorennamen werden kursiv geschrieben.

[1] *Leible/Hoffmann*, EuZW 2003, 677 (679).

Regel C.1:	In der Fußnote wird nur der Familienname des oder der Autoren des Aufsatzes angegeben.

II. Titel der Zeitschrift

Auf den Familiennamen des Autors folgt, durch Komma abgetrennt, der Titel der Zeitschrift, in der der Aufsatz erschienen ist. Dieser ist abzukürzen, außer wenn es sich um eine wenig bekannte Zeitschrift handelt. Eine Liste der Abkürzungen von Fachzeitschriften finden Sie im Anhang I 9.

Bei Zeitschriften mit zweisprachigem Titel kann es sich empfehlen, die Übersetzung in Klammern anzugeben.

[1] *Meessen*, German Yearbook of International Law (Jahrbuch für Internationales Recht) 27 (1984), 97 (98).

Regel C.2:	Auf den Namen des Autors folgt der Titel der Zeitschrift.
Regel C.3:	Der Titel der Zeitschrift ist abzukürzen, außer wenn es sich um eine wenig bekannte Zeitschrift handelt.

III. Band und/oder Jahrgang

Nach dem Titel der Zeitschrift folgen ein Leerzeichen und die Nummer des Bandes, in dem sich der Aufsatz befindet. Hinter den Band wird in Klammern das Jahr geschrieben, in dem er erschienen ist.

[1] *Fabricius,* AcP 162 (1963), 456 (459).

Sind die Bände einer Zeitschrift nicht numeriert, gibt man nur den Jahrgang an, und zwar ohne Klammern.

[3] *Hanau*, ZIP 2005, 1661 (1663).

Erstreckt sich der Band auf zwei Jahre, werden beide, getrennt durch einen Schrägstrich, angegeben.

Besonders ist darauf zu achten, daß bei manchen Zeitschriften die Zählung gewechselt hat. In diesem Fall zitiert man nach der neuen Zählweise, muß aber darauf hinweisen. Daher ist nach der Nummer des Bandes „N. F." für „neue Folge" zu schreiben.

[65] *v. Senger*, ZSR 123 N. F. (2004), 277 (283).

Handelt es sich um eine Sonderbeilage oder ein Beiheft, so muß darauf hingewiesen werden. Für Sonderbeilagen kann die Abkürzung „Sonderbeil." verwendet werden. Der Jahrgang und die Nummer sind anzugeben.

[1] *Kümpel*, WM 1981, Sonderbeil. Nr. 1, S. 17.

Regel C.4:	Bei Zeitschriften mit numerierter Folge wird die Nummer des Bandes angegeben. Danach wird in Klammern der Jahrgang hinzugefügt.
Regel C.5:	Sind die Bände nicht numeriert, gibt man nur den Jahrgang, ohne Klammern, an.

IV. Seite

Auf den Jahrgang folgt die Anfangsseite des Aufsatzes. Diese muß auch dann genannt werden, wenn ein Literaturverzeichnis erstellt wurde. Lediglich bei der Abkürzung „a. a. O." kann man sie weglassen, dazu s. u. J VIII.

Die Anfangsseite wird vom Jahrgang durch Komma abgetrennt. Ein „S." für „Seite" muß nicht geschrieben werden.

[19] *Timm*, NJW 1995, 3209 (3211).

Bei Beiheften und Sonderbeilagen ist allerdings ein „S." zu setzen, um Verwechslungen zu vermeiden.

[1] *Kümpel*, WM 1981, Sonderbeil. Nr. 1, S. 17.

Bei mehrteiligen Aufsätzen wird nur die Anfangsseite des Teils genannt, auf den man sich bezieht.

[4] *Hopt*, ZHR 141 (1977), 389 (431).

Nach der Anfangsseite muß die genaue Seite genannt werden, auf die Bezug genommen wird. Man kann Sie von der Anfangsseite durch Komma abtrennen oder hinter diese in Klammern setzen. Wir empfehlen die zweite Variante, da damit besonders leicht zu erkennen ist, welche die genaue Seite ist.

[1] *Beuthien*, JZ 2003, 715 (717).

Ist die zitierte Seite zugleich die Anfangsseite, so muß sie nicht noch einmal in Klammern gesetzt werden.

[1] *Beuthien*, JZ 2003, 715.

Hat die Seite keine Seitenzahl, so wird statt dessen auf das Heft und die Rubrik hingewiesen.

[4] *Ebke*, BB 2003, Heft 1, „Die Erste Seite".

Möchte man eine Stelle ganz genau zitieren, so kann man bei zweispaltigen Zeitschriften hinter die Seitenzahl „re. Sp." für „rechte Spalte" und „li. Sp." für „linke Spalte" schreiben. Normalerweise ist solche Genauigkeit aber nicht notwendig.

Regel C.6:	In der Fußnote sind die Anfangsseite und die genaue Seite, auf die man sich bezieht, anzugeben.
Regel C.7:	Die genaue Seite wird in Klammern hinter die Anfangsseite gesetzt.

V. Abweichungen im Literaturverzeichnis

1. Vorname des Autors

Im Literaturverzeichnis müssen nach dem Familiennamen auch der oder die Vornamen des Autors angegeben werden. S. dazu im Einzelnen o. A VI 1.

Kümpel, Siegfried, Zur Problematik des Vorlegungserfordernisses bei Namens-Papieren am Beispiel der Namens-Schuldverschreibung und des Sparbuches, WM 1981, Sonderbeil. Nr. 1.

Regel C.8:	Im Literaturverzeichnis sind der Familienname und der Vorname des Autors anzugeben.

2. Titel des Aufsatzes

In Fußnoten ist es unüblich, den Titel des Aufsatzes zu nennen. Dagegen muß er im Literaturverzeichnis zwingend angegeben werden. Der Titel ist so zu schreiben, wie er am Beginn des Aufsatzes steht. Er darf weder abgekürzt noch in Anführungszeichen gesetzt werden.

Hat der Aufsatz einen Untertitel, so kann dieser hinzugesetzt werden, wenn sich der Inhalt des Aufsatzes oder seine Bedeutung für die eigene Arbeit erst aus ihm erkennen läßt. S. dazu o. A VI 2.

Will man eine Buchbesprechung zitieren, so gibt man den Autor und den Titel des Buches an, das besprochen wird.

> *Hamann, Andreas*, Besprechung zu *Pietzner, Rainer*, Petitionsausschuß und Plenum, DVBl. 1975, 116.

Regel C.9:	Im Literaturverzeichnis muß der Titel des Aufsatzes genannt werden.
Regel C.10:	Einen Untertitel führt man nur an, wenn er für das Verständnis des Titels bedeutsam ist.
Regel C.11:	Zitiert man eine Buchbesprechung, ist der Titel des Buches anzugeben, das der Autor bespricht.

3. Anfangs- und Endseite

Im Literaturverzeichnis folgen nach der Anfangsseite ein Gedankenstrich und die Endseite des Aufsatzes. Weithin üblich ist es, statt der Endseite die Abkürzung „ff." für „folgende" zu setzen. Die Angabe der Endseite hat jedoch mehrere Vorteile: Zum einen kann der Leser abschätzen, welchen Umfang der zitierte Aufsatz hat, wodurch sich manchmal – nicht immer – Rückschlüsse auf seine Bedeutung ziehen lassen. Zum anderen zeigt die Angabe der Endseite, daß man den zitierten Aufsatz wirklich in den Händen gehalten hat und nicht nur blind aus einer anderen Quelle zitiert.

Bei mehrteiligen Aufsätzen müssen die Anfangs- und Endseiten aller Teile angegeben werden. Zur Verdeutlichung, um welche Teile es sich handelt, kann man den Teil in Klammern nennen.

> *Hopt, Klaus J.*, Vom Aktien- und Börsenrecht zum Kapitalmarktrecht?, ZHR 140 (1976), 201–235 (1. Teil), ZHR 141 (1977), 389–441 (2. Teil).

Regel C.12: Im Literaturverzeichnis muß neben der Anfangs- auch die Endseite des Aufsatzes angegeben werden. Beide werden durch einen Gedankenstrich getrennt.

Muster für Zitat eines Aufsatzes in der Fußnote:
Familienname des Autors, Zeitschrift Band (Jahrgang), Anfangsseite (genaue Seite).

Muster für Zitat eines Aufsatzes im Literaturverzeichnis:
Familienname, Vorname des Autors, Titel, Zeitschrift Band (Jahrgang), Anfangsseite – Endseite.

Abschließende Beispiele für Fußnote:

[1] *Bayer,* ZIP 2005, 1053 (1057).
[2] *Ulmer,* AcP 198 (1998), 113 (126).
[3] *Leible/Hoffmann,* EuZW 2003, 677.

Abschließende Beispiele für Literaturverzeichnis:

Bayer, Walter, Die Geltendmachung des Abfindungsanspruchs nach beendetem Beherrschungsvertrag, ZIP 2005, 1053–1060.

Hubmann, Heinrich, Das Recht am Unternehmen, ZHR 117 (1955), 41–81.

Koller, Ingo, Der gutgläubige Erwerb von Sammeldepotanteilen an Wertpapieren im Effektengiroverkehr, DB 1972, 1857–1861 (1. Teil), 1905–1909 (2. Teil).

D. Wie zitiert man Beiträge in Festschriften oder anderen Sammelwerken?

Vorbemerkung: Was sind Festschriften und andere Sammelwerke?

Sammelwerke sind Sammlungen von Beiträgen verschiedener Autoren. Festschriften sind Sammelwerke, die aus Anlaß eines bestimmten Ereignisses, zum Beispiel eines Geburtstages eines renommierten Wissenschaftlers oder des Jubiläums der Schaffung eines Instituts oder Gerichts, herausgegeben werden. Andere Sammelwerke können z. B. Beiträge zu einer wissenschaftlichen Tagung enthalten.

Das Zitieren von Beiträgen in Festschriften und anderen Sammelwerken bereitet immer wieder Schwierigkeiten. Das liegt daran, daß der Autor in einem nicht von ihm allein stammenden Werk schreibt.

I. Name des Autors des Beitrages

In der Fußnote wird zunächst der Familienname des Autors des Beitrages in kursiver Schrift angegeben. Bei verwechslungsfähigen Familiennamen ist der Vorname voranzustellen. Vgl. o. A I 2.

Regel D.1:	Das Zitat des Beitrages in einem Sammelwerk beginnt mit dem Familiennamen des Autors des Beitrages in kursiver Schrift.

II. Titel und Herausgeber des Sammelwerkes

Nach dem Familiennamen folgen ein Komma, das Wort „in“ und ein Doppelpunkt. Eine Festschrift kann mit „FS“ abgekürzt werden, eine Festgabe mit „Festg.“, eine Gedächtnisschrift mit „GS“. Nach der Abkürzung wird der Familienname des Jubilars geschrieben.

[4] *Noack,* in: FS Wiedemann, 2002, S. 1141 (1142).

Die NJW und die JuS verwenden hingegen die Abkürzung „Festschr. f.“ und geben auch den Vornamen des Jubilars an.

[4] *Noack,* in: Festschr. f. Herbert Wiedemann, 2002, S. 1141 (1142).

Ein zusätzlicher Sachtitel der Festschrift kann weggelassen werden. Ebensowenig muß angeben werden, um den wievielten Geburtstag es sich handelt. Verwechslungen werden über die Angabe des Erscheinungsjahres ausgeschlossen.

> [15] *Georgiades*, in: FS Larenz, 1973, S. 409 (424).

Die Angabe des Herausgebers ist bei Festschriften entbehrlich. Dagegen ist er bei anderen Sammelwerken stets zu nennen. Sein Familienname ist kursiv zu schreiben. Hinter ihn wird in Klammern der Zusatz „Hrsg." gesetzt. Erst danach folgt der Titel des Sammelwerkes. Handelt es sich um einen besonders langen Titel, kann er abgekürzt werden, wenn man ein Literaturverzeichnis erstellt und dort den vollständigen Titel angegeben hat, s. u. V 3.

> [2] *Drobnig*, in: *Kreuzer* (Hrsg.), Abschied vom Wertpapier?, 1988, S. 11 (13).

Hat das Sammelwerk mehr als drei Herausgeber, kann man nach dem Namen des dritten den Zusatz „u. a." setzen und die anderen weglassen.

Regel D.2:	Bei Festschriften ist der Name des Jubilars zu nennen.
Regel D.3:	Bei anderen Sammelwerken nennt man den oder die Herausgeber in kursiver Schrift mit dem Zusatz „(Hrsg.)" und dann den Titel des Sammelwerkes.

III. Erscheinungsjahr

Anschließend wird das Erscheinungsjahr des Sammelwerkes genannt. Zu beachten ist, daß dieses vom Datum der Veranstaltung oder des Ereignisses, welches den Anlaß zum Werk gegeben hat, verschieden sein kann. Es ist immer das Erscheinungsjahr, nicht das Veranstaltungsjahr anzugeben. Das Erscheinungsjahr kann weggelassen werden, wenn ein Literaturverzeichnis erstellt wurde.

Regel D.4:	Das Erscheinungsjahr des Sammelwerkes muß angegeben werden, es sei denn, es wurde ein Literaturverzeichnis erstellt.

IV. Seite

Danach ist die Anfangsseite des Beitrages zu nennen. Anders als bei Aufsätzen muß bei Beiträgen in Sammelwerken stets ein zusätzliches „S." für „Seite" gesetzt werden, um Verwechslungen auszuschließen.

Hinter die Anfangsseite ist in Klammern die genaue Seite, auf die Bezug genommen wird, anzugeben. Vgl. o. C IV.

[4] *Unberath,* in: FS Hruschka, 2005, S. 719 (743).

Regel D.5:	Bei Beiträgen in Sammelwerken ist die Anfangsseite mit einem „S." anzugeben.
Regel D.6:	Auf die Anfangsseite folgt in Klammern die genaue Seite, auf die Bezug genommen wird.

V. Abweichungen im Literaturverzeichnis

1. Vorname des Autors des Beitrages

Im Literaturverzeichnis sind nach dem Familiennamen auch der oder die Vornamen des Autors des Beitrages anzugeben. Vgl. o. A VI 1.

Noack, Ulrich, Globalurkunde und unverkörperte Mitgliedschaften bei der kleinen Aktiengesellschaft, in: Festschrift für Herbert Wiedemann, München 2002, S. 1141–1159.

Regel D.7:	Im Literaturverzeichnis ist neben dem Familiennamen auch der Vorname des Autors anzugeben.

2. Titel des Beitrages

Nach dem Namen des Autors folgt im Literaturverzeichnis der Titel des Aufsatzes. Er wird so, wie er am Beginn des Beitrages steht, übernommen.

Hat der Beitrag einen Untertitel, so kann dieser hinzugefügt werden, wenn sich der Inhalt des Beitrages oder seine Bedeutung für die eigene Arbeit erst aus ihm erkennen läßt. S. dazu o. A VI 2.

Regel D.8:	Im Literaturverzeichnis ist der Titel des Beitrages anzugeben.
Regel D.9:	Ein Untertitel kann hinzugesetzt werden.

3. Ausführlicher Titel des Sammelwerkes

Im Literaturverzeichnis ist der Titel der Festschrift vollständig anzugeben, so wie er auf der Titelseite steht. Hat die Festschrift neben dem Namen des Jubilars einen Sachtitel, ist dieser ebenfalls anzugeben. Begriffe wie „Festschrift" oder „Festgabe" sind auszuschreiben.

Than, Jürgen, Wertpapierrecht ohne Wertpapiere?, in: Bankrecht – Schwerpunkte und Perspektiven, Festschrift für Herbert Schimansky, Köln 1999, S. 821–836.

Bei mehrbändigen Festschriften ist der Band zu nennen, in dem sich der Beitrag befindet. Dabei sind die Abkürzung „Bd." und römische Ziffern zu verwenden.

Lorenz, Werner, Vorzugsrechte beim Vertragsabschluß, in: Vom deutschen zum europäischen Recht, Festschrift für Hans Dölle, Bd. I, Tübingen 1963, S. 103–133.

Bei anderen Sammelwerken ist im Literaturverzeichnis der Name des Herausgebers vollständig anzugeben. Dabei ist der Vorname, durch Komma abgetrennt, hinter den Familiennamen zu setzen. Es folgt der Zusatz „(Hrsg.)". Danach muß der vollständige Titel des Sammelwerkes genannt werden.

Drobnig, Ulrich, Dokumenteloser Effektenverkehr, in: *Kreuzer, Karl* (Hrsg.), Abschied vom Wertpapier? Dokumentelose Wertbewegungen im Effekten-, Gütertransport- und Zahlungsverkehr, Frankfurt a. M. 1988, S. 11–41.

Regel D.10:	Im Literaturverzeichnis ist der Titel der Festschrift mitsamt dem Vornamen des Jubilars anzugeben.
Regel D.11:	Bei mehrbändigen Festschriften ist der jeweilige Band anzugeben, in dem sich der Beitrag befindet.
Regel D.12:	Bei anderen Sammelwerken sind im Literaturverzeichnis der Familienname und der Vorname des Herausgebers zu nennen.
Regel D.13:	Der Titel des Sammelwerkes ist im Literaturverzeichnis ausführlich anzugeben.

4. Erscheinungsort und -jahr

Im Literaturverzeichnis muß neben dem Erscheinungsjahr auch der Erscheinungsort des Sammelwerkes angegeben werden. Zunächst ist der Erscheinungsort, nach einem Leerzeichen dann das Erscheinungsjahr zu nennen.

Regel D.14:	Im Literaturverzeichnis ist vor dem Erscheinungsjahr der Erscheinungsort des Sammelwerkes anzugeben.

5. Anfangs- und Endseite

Im Literaturverzeichnis ist schließlich die Anfangs- und Endseite des Beitrages anzugeben. Zwischen beide ist ein Gedankenstrich zu setzen. Vgl. o. C V 3.

Regel D.15: Im Literaturverzeichnis müssen die Anfangs- und die Endseite des Beitrages genannt werden.

Muster für Zitat in der Fußnote:
1. Beitrag in einer Festschrift, wenn kein Literaturverzeichnis erstellt:
Familienname des Autors, in: FS Familienname des Jubilars, Erscheinungsjahr, S. Anfangsseite (genaue Seite).
2. Beitrag in einer Festschrift, wenn Literaturverzeichnis erstellt:
Familienname des Autors, in: FS Familienname des Jubilars, S. Anfangsseite (genaue Seite).
3. Beitrag in einem anderen Sammelwerk, wenn kein Literaturverzeichnis erstellt:
Familienname des Autors, in: *Familienname des Herausgebers* (Hrsg.), Titel des Sammelwerkes, Erscheinungsjahr, S. Anfangsseite (genaue Seite).
4. Beitrag in einem anderen Sammelwerk, wenn Literaturverzeichnis erstellt:
Familienname des Autors, in: *Familienname des Herausgebers* (Hrsg.), Titel des Sammelwerkes, S. Anfangsseite (genaue Seite).

Muster für Zitat im Literaturverzeichnis:
1. Festschrift:
Familienname, Vorname des Autors, Titel des Beitrags, in: vollständiger Titel der Festschrift, Erscheinungsort und -jahr, S. Anfangsseite – Endseite.
2. Anderes Sammelwerk:
Familienname, Vorname des Autors, Titel des Beitrags, in: *Familienname, Vorname des Herausgebers* (Hrsg.), vollständiger Titel des Sammelwerkes, Erscheinungsort und -jahr, S. Anfangsseite – Endseite.

Abschließende Beispiele für Fußnoten:

1. ohne Literaturverzeichnis:
[4] *Brohm*, in: FS Menger, 1985, S. 235 (237).
[12] *Drobnig*, in: *Kreuzer* (Hrsg.), Abschied vom Wertpapier?, 1988, S. 11 (13).
2. mit Literaturverzeichnis:
[4] *Brohm*, in: FS Menger, S. 235 (237).
[12] *Drobnig*, in: *Kreuzer* (Hrsg.), Abschied vom Wertpapier?, S. 11 (13).

Abschließende Beispiele für Literaturverzeichnis:

Brohm, Winfried, Die Konkurrentenklage, in: System des verwaltungsgerichtlichen Rechtsschutzes, Festschrift für Christian-Friedrich Menger zum 70. Geburtstag, Köln u.a. 1985, S. 235–255.
Rieger, Harald, Gesetzeswortlaut und Rechtswirklichkeit im Aktiengesetz, in: Festschrift für Martin Peltzer, Köln 2001, S. 339–357.
Unberath, Hannes, Die Bindung an den Vertrag – Zur Bedeutung Kants für die neuere Diskussion um die Grundlagen des Privatrechts, in: Philosophia Practica Universalis, Festschrift für Joachim Hruschka, Berlin 2005, S. 719–748.

E. Wie zitiert man Urteile und andere gerichtliche Entscheidungen?

Vorbemerkung: Wo sind gerichtliche Entscheidungen zu zitieren?

Gerichtliche Entscheidungen werden nur in Fußnoten zitiert; in das Literaturverzeichnis sind sie nicht aufzunehmen. Vgl. u. K III. Die nachfolgenden Regeln gelten daher nur für Fußnoten.

I. Wie zitiert man Entscheidungen deutscher Gerichte?

Ein Gericht kann verschiedene Arten von Entscheidungen erlassen. Die Zivilprozeßordnung etwa sieht Urteile, Beschlüsse und Verfügungen vor[4]. Die nachfolgenden Regeln beziehen sich auf alle Arten gerichtlicher Entscheidungen, die zitierfähig sind.

Es gibt eine ausführliche und eine kurze Art, wie man gerichtliche Entscheidungen zitiert. Die ausführliche umfaßt die Entscheidungsform, das Datum der Entscheidung, das Aktenzeichen und die Fundstelle. Die kurze Art beschränkt sich dagegen auf die Fundstelle.

> [1] *BGH*, Urt. v. 22. 10. 1984 – II ZR 262/83, BGHZ 92, 317 (321).
> **oder:**
> [1] *BGHZ* 92, 317 (321).

Die ausführliche Art des Zitats wird meist in der Rechtsprechung verwendet. Viele Fachzeitschriften bevorzugen hingegen die kurze Art, z. B. die NJW und die JuS. Die kurze Art hat den Vorteil, daß sie Platz spart. Dagegen erleichtert die ausführliche Art dem Leser das Auffinden von Parallelfundstellen; auch kann er die Entscheidung in elektronischen Datenbanken oder im Internet leichter finden. Im Folgenden werden beide Arten dargestellt.

1. Bezeichnung des Gerichts

Das Entscheidungszitat beginnt normalerweise mit der Bezeichnung des Gerichts, das entschieden hat. Die Bezeichnung ist abzukürzen. Die Abkürzungen wichtiger Gerichte finden Sie im Anhang I 1 dieser Fibel. Die Abkürzung des Gerichts ist wie der Name eines Autors in kursiver Schrift zu schreiben.

---

[4] Siehe §§ 313, 329 ZPO.

[1]*BGH*, Urt. v. 14.1.2002 – II ZR 354/99, NJW 2002, 1340.
oder:
[1]*BGH* NJW 2002, 1340.

Bei der kurzen Art des Zitats entfällt die Angabe des Gerichts, wenn aus der amtlichen Sammlung zitiert wird. In diesem Fall wird die Sammlung kursiv geschrieben.

[31]*BGHZ* 150, 164 (166).

Keine einheitliche Übung gibt es hinsichtlich der Frage, ob bei einem Oberverwaltungsgericht das Bundesland oder die Stadt genannt wird, in der das Gericht seinen Sitz hat.

VGH München oder *BayVGH*

Sie müssen sich für eine der beiden Varianten entscheiden und diese konsequent durchhalten. Bei wissenschaftlichen Publikationen ist es empfehlenswert, sich über die Übung der jeweiligen Fachzeitschrift zu informieren. Die NJW bevorzugt beispielsweise den Ortsnamen.

Die Bezeichnung des Spruchkörpers, wie Kammer oder Senat, ist wegzulassen. Etwas anderes gilt nur bei Entscheidungen des *Großen Senats* des *Bundesgerichtshofs* und bei Kammerentscheidungen des *Bundesverfassungsgerichts*. Bei ihnen ist üblich, auf den Spruchkörper hinzuweisen.

[1]*BGH, Großer Senat*, Beschl. v. 20.10.1992 – GSSt 1/92, BGHSt 39, 100.
[13]*BVerfG, 3. Kammer des Ersten Senats*, Beschl. v. 25.8.1994 – 1 BvR 1423/92, NJW 1994, 2943.
oder:
[1]*BGHSt (Großer Senat)* 39, 100.
[13]*BVerfG* (*3. Kammer des Ersten Senats*) NJW 1994, 2943.

Hat der Gemeinsame Senat der Obersten Gerichtshöfe des Bundes entschieden, ist dies hervorzuheben.

[1]*Gemeinsamer Senat der Obersten Gerichthöfe des Bundes*, Beschl. v. 5.4.2000, GmS-OGB 1/98, BGHZ 144, 160.
oder:
[1]*BGHZ* (*Gemeinsamer Senat der Obersten Gerichthöfe des Bundes*) 144, 160.

Regel E.1: Das Zitat eines Urteils beginnt mit der abgekürzten Bezeichnung des Gerichts in kursiver Schrift. Bei der kurzen Art des Zitats entfällt die Bezeichnung des Gerichts, wenn aus der amtlichen Sammlung zitiert wird.

Regel E.2: Die Bezeichnung des Spruchkörpers ist in der Regel wegzulassen.

2. Form, Datum und Aktenzeichen der Entscheidung

Bei der ausführlichen Art des Zitats nennt man hinter dem Namen des Gerichts zunächst die Entscheidungsform. Ein Urteil wird mit „Urt.", ein Beschluß mit „Beschl.", eine Verfügung mit „Vfg." abgekürzt. Dahinter setzt man ein „v." für „vom" und das Datum der Entscheidung. Es folgen ein Gedankenstrich und das Aktenzeichen. Erst das Aktenzeichen erlaubt eine eindeutige Identifizierung, weil ein Gericht oft mehrere Entscheidungen am selben Tag trifft.

[1]*BGH*, Urt. v. 14. 3. 2005 – II ZR 5/03, NZG 2005, 508.

Das Datum und das Aktenzeichen der Entscheidung stehen in der Veröffentlichung meist unter dem Leitsatz. Das Aktenzeichen setzt sich folgendermaßen zusammen: Die erste Ziffer bezeichnet den Spruchkörper. Die nachfolgenden Buchstaben deuten auf die Art der Rechtssache hin. So steht zum Beispiel „S" für Berufungen in Zivilsachen zum Landgericht oder „StR" für Revisionen in Strafsachen. Eine vollständige Liste der verwendeten Zeichen findet sich am Ende des Schönfelder unter „Anhang Registerzeichen".

Die letzten beiden Ziffern des Aktenzeichens geben an, wann die Rechtssache bei Gericht eingegangen ist. So bedeutet „5/03", gelesen „fünf aus null drei", daß es sich um die fünfte Sache handelt, die im Jahr 2003 bei dem jeweiligen Gericht anhängig gemacht wurde.

Regel E.3: Bei der ausführlichen Art des Zitats sind die Form und das Datum der Entscheidung sowie das Aktenzeichen anzugeben.

3. Name der Sammlung oder Zeitschrift

Danach folgt die Angabe der Fundstelle. Sie beginnt mit der Sammlung oder Zeitschrift, aus der zitiert wird. Ist eine Entscheidung in eine amtliche Sammlung aufgenommen, so wird aus ihr zitiert. Amtliche Entscheidungssammlungen gibt es für alle obersten Gerichtshöfe. Zu den Abkürzungen s. Anhang I 8. Bei der kurzen Art des Zitats wird die amtliche Sammlung kursiv geschrieben, da sie die Bezeichnung des Gerichts entfallen läßt (s.o. 1).

[1] *BGH*, Urt. v. 12.3.2002 – IX ZR 258/01, BGHZ 150, 164 (166).
oder:
[1] *BGHZ* 150, 164 (166).

Entscheidungen des *Bundesverfassungsgerichts* werden stets in die amtliche Sammlung aufgenommen[5]. Kammerbeschlüsse können bei besonderem Interesse ebenfalls in die amtliche Sammlung aufgenommen werden[6], doch ist dies praktisch nur selten der Fall. Andere Gerichte, wie etwa der *Bundesgerichtshof*, nehmen nur bestimmte, besonders wichtige Entscheidungen in die amtliche Sammlung auf. Daß die Entscheidung zur Aufnahme in die amtliche Sammlung bestimmt ist, läßt sich in der NJW an dem Zeichen „*“ in der Titelzeile erkennen; ältere Ausgaben verwenden das Zeichen „†“. Die Fundstelle in der amtlichen Sammlung können Sie z.B. über beck-online[7] oder juris[8] herausfinden.

Neben den amtlichen gibt es noch weitere Sammlungen, die nicht von Mitgliedern des Gerichts, sondern von privater Seite herausgegeben werden. Beispiele sind etwa der Lindenmaier/Möhring – abgekürzt „LM“ – für Entscheidungen des *Bundesgerichtshofs* oder das Nachschlagewerk des *Bundesarbeitsgerichts*: Arbeitsrechtliche Praxis – abgekürzt „AP“.

[3] *BGH*, Urt. v. 28.9.1962 – V ZR 8/61, LM Nr. 16 zu § 433 BGB, Bl. 2.
oder:
[3] *BGH* LM Nr. 16 zu § 433 BGB, Bl. 2.

Ist die Entscheidung nicht in der amtlichen Sammlung enthalten, so muß eine nichtamtliche Sammlung oder Zeitschrift zitiert werden, in der sie veröffentlicht wurde. Zur Angabe des Titels der Zeitschrift s.o. C II. Zum Zitieren von Entscheidungen, die sich nur in Datenbanken finden, s.u. 7. Ist die Entscheidung in mehreren Zeitschriften veröffentlicht, soll die bekannteste oder am meisten verbreitete gewählt werden. Dadurch wird dem Leser das Auffinden erleichtert.

---

[5] § 31 I GO-BVerfG.
[6] § 31 III GO-BVerfG.
[7] http://www.beck-online.de (Stand: 26. 3. 2006).
[8] http://www.juris.de (Stand: 26. 3. 2006).

Regel E.4:	Entscheidungen werden aus der amtlichen Sammlung zitiert, sofern sie dort veröffentlicht sind.
Regel E.5:	Ansonsten wird die Fundstelle in der bekanntesten oder am meisten verbreiteten Zeitschrift angeführt.

4. Band

Nach dem Namen der Sammlung oder Zeitschrift ist der Band zu nennen, in dem die Entscheidung abgedruckt ist.

> [1] *BVerfG*, Urt. v. 12. 7. 1994 – 2 BvE 3/92, 2 BvE 5/93, 2 BvE 7/93, 2 BvE 8/93, BVerfGE 90, 286.
> **oder:**
> [1] *BVerfGE* 90, 286.

Bei manchen Sammlungen sind die Bände nach Vorschriften eingeteilt. In diesem Fall sind die Nummer der Entscheidung und die Vorschrift, unter der sie eingeordnet ist, zu zitieren. Dazwischen setzt man das Wort „zu".

> [14] *BAG*, Urt. v. 22. 6. 1993 – 1 AZR 590/92, AP Nr. 11 zu § 611 a BGB.
> **oder:**
> [14] *BAG* AP Nr. 11 zu § 611 a BGB.

Ist die Entscheidung in einer Zeitschrift abgedruckt, sind der Band und/oder der Jahrgang nach den Regeln für Aufsätze anzugeben, s. dazu o. C III.

> [4] *BGH*, Urt. v. 14. 1. 2002 – II ZR 354/99, NJW 2002, 1340.
> **oder:**
> [4] *BGH* NJW 2002, 1340.

Regel E.6:	Auf den Namen der amtlichen Sammlung folgt der Band, aus dem zitiert wird.
Regel E.7:	Wird aus einer Sammlung zitiert, die nach Vorschriften gegliedert ist, so sind die Nummer der Entscheidung und die Vorschrift zu nennen, unter der sie eingeordnet ist.
Regel E.8:	Wird aus einer Zeitschrift zitiert, so wird der Band wie bei Aufsätzen genannt.

5. Seite

Nach dem Jahrgang ist die Seite zu nennen, auf der der Abdruck der Entscheidung beginnt.

> [1] *BGH*, Urt. v. 18. 10. 1989 – VIII ZR 325/88, BGHZ 109, 97.
> **oder:**
> [1] *BGHZ* 109, 97.

Die Angabe der Anfangsseite entfällt, wenn die Sammlung nach Vorschriften gegliedert ist, s. dazu o. 4.

Nach der Anfangsseite ist in Klammern die genaue Seite, auf die man sich bezieht, zu nennen, vgl. dazu o. AV 2. Es ist darauf zu achten, daß bei manchen Sammlungen nicht die Seiten, sondern die Blätter numeriert sind. In diesem Fall muß die Abkürzung „Bl." für „Blatt" geschrieben werden. Wird von der Rückseite eines Blattes zitiert, muß ein „R" hinter die Nummer des Blattes gesetzt werden.

> [19] *BAG*, Urt. v. 15. 3. 1995 – 7 AZR 643/94, AP Nr. 105 zu § 37 BetrVG 1972, Bl. 3 R.
> **oder:**
> [19] *BAG* AP Nr. 105 zu § 37 BetrVG 1972, Bl. 3 R.

Um diesen Schwierigkeiten zu entgehen, kann statt der Seite der Gliederungspunkt der Gründe zitiert werden, auf den man Bezug nimmt.

> [4] *BAG*, Urt. v. 10. 3. 1988 – 8 AZR 420/85, AP Nr. 99 zu § 611 Fürsorgepflicht (I 3 der Gründe).
> **oder:**
> [4] *BAG* AP Nr. 99 zu § 611 Fürsorgepflicht (I 3 der Gründe).

Regel E.9:	Nach dem Band ist die Anfangsseite des Abdrucks der Entscheidung anzugeben.
Regel E.10:	Nach der Anfangsseite ist in Klammern die genaue Seite zu nennen, von der zitiert wird.

6. Parallelfundstellen

Neben der amtlichen Sammlung oder einer Zeitschrift müssen keine weiteren Fundstellen für dieselbe Entscheidung genannt werden. Man kann dies aber tun, um das Auffinden zu erleichtern. In diesem Fall ist nach der ersten Fundstelle das Zeichen „=" und unmittelbar danach die Parallelfundstelle zu setzen. Auch bei der Parallelfundstelle ist die genaue Seite zu nennen, von der man zitiert.

[1] *BGH*, Urt. v. 13.3.2003 – VII ZR 370/98, BGHZ 154, 185 (190) = NZG 2003, 431 (432 f.).
oder:
[1] *BGHZ* 154, 185 (190) = NZG 2003, 431 (432 f.).

Regel E.11:	Falls eine Parallelfundstelle angegeben werden soll, ist diese nach dem Zeichen „=" zu nennen.

7. Fundstellen in Datenbanken

Allgemein sollte man vermeiden, aus Datenbanken zu zitieren, da diese häufig nicht jedermann zugänglich oder kostenpflichtig sind und viele Leser das Arbeiten mit gedruckten Werken bevorzugen. Ist eine Entscheidung in einer Zeitschrift veröffentlicht, so sollte daher aus ihr zitiert werden.

Es gibt aber auch Entscheidungen, die sich nur in Datenbanken finden lassen. Dann bleibt nichts anderes übrig, als aus diesen zu zitieren. Es sind die Entscheidungsform (z. B. „Urt.") und das Datum der Entscheidung sowie das Aktenzeichen anzugeben. Dahinter setzt man in Klammern einen Hinweis, in welcher Datenbank die Entscheidung geführt wird.

[1] *BFH*, Urt. v. 2.7.1999 – I B 102/98 (erhältlich in juris).

Regel E.12:	Ist eine Entscheidung nur in einer Datenbank zu finden, dann werden die Form und das Datum der Entscheidung sowie das Aktenzeichen angegeben. Dahinter ist in Klammern ein Hinweis auf die Datenbank zu setzen.

8. Name der Entscheidung

Im Gegensatz zu anderen Ländern ist es in Deutschland unüblich, eine Entscheidung mit den Namen der Parteien zu zitieren. In der Regel werden diese nicht einmal veröffentlicht. Allerdings gibt es einige Entscheidungen, die unter dem Namen einer Partei oder unter einer anderen Bezeichnung bekannt geworden sind. Daher kann man dem Leser das Wiedererkennen erleichtern, indem man den jeweiligen Namen in Klammern an das Ende des Zitats setzt. Sind mehrere Entscheidungen unter demselben Namen bekannt, dann setzt man eine römische Ziffer hinzu, um zu kennzeichnen, welche Entscheidung gemeint ist.

> [1] *BGH*, Urt. v. 12. 11. 1991 – VI ZR 7/91, BGHZ 116, 60 (Milupa).
> [15] *BVerfG*, Urt. v. 22. 10. 1986 – 2 BvR 197/83, BVerfGE 73, 339 (Solange II).
> **oder:**
> [1] *BGHZ* 116, 60 (Milupa).
> [15] *BVerfGE* 73, 339 (Solange II).

Regel E.13:	Ist die Entscheidung unter einem Namen oder einer besonderen Bezeichnung bekannt, so kann diese in Klammern an das Ende des Zitats gesetzt werden.

9. Unveröffentlichte Entscheidungen

Generell sollte vermieden werden, unveröffentlichte Entscheidungen zu zitieren, da deren Inhalt vom Leser nicht nachgeprüft werden kann. Manchmal können jedoch auch solche Entscheidungen von wissenschaftlichem Interesse sein. Dann zitiert man die Bezeichnung des Gerichts, die Form und das Datum der Entscheidung sowie das Aktenzeichen nach den oben genannten Regeln, s. o. 2. Statt der Fundstelle setzt man den Hinweis „unveröff." für „unveröffentlicht".

> [15] *LG Berlin*, Urt. v. 9. 11. 2000 – 13 O 257/97, unveröff.

Regel E.14:	Unveröffentlichte Entscheidungen sind mit Form und Datum der Entscheidung, dem Aktenzeichen und dem Hinweis „unveröff." zu zitieren.

II. Wie zitiert man Entscheidungen des EuGH und des EuG?

Bei Entscheidungen des *Gerichtshofs der Europäischen Gemeinschaften* (*EuGH*) oder des *Gerichts erster Instanz* (*EuG*) gibt es wiederum eine ausführliche und eine kurze Art des Zitats. S. o. I vor 1.

> [1] *EuGH*, Urt. v. 5. 11. 2002 – C-208/00, Slg. I-9919 – Überseering.
> **oder:**
> [1] *EuGH*, Slg. 2002, I-9919 – Überseering.

1. Bezeichnung des Gerichts

Zunächst ist immer das Gericht, das entschieden hat, zu nennen. Die jeweilige Abkürzung ist in kursiver Schrift zu schreiben.

EuGH oder *EuG*

Zu Schlußanträgen des Generalanwalts s. u. 8.

Regel E.15:	Bei Entscheidungen der Gerichte der Europäischen Gemeinschaften ist zuerst die Abkürzung des Gerichts in kursiver Schrift zu nennen.

2. Form und Datum der Entscheidung, Nummer der Rechtssache

Auf die Bezeichnung des Gerichts folgen bei der ausführlichen Zitierweise ein Komma und der Hinweis auf die Form der Entscheidung, z. B. bei Urteilen „Urt.". Danach ist ein „v." für „vom" zu setzen und das Datum der Entscheidung zu nennen. Anschließend muß die Nummer der Rechtssache genannt werden, die entschieden wurde. Sie wird mit einem Gedankenstrich vom Datum abgetrennt.

Die Nummer der Rechtssache setzt sich in folgender Weise zusammen: Zunächst steht der Anfangsbuchstabe der französischen Bezeichnung des Gerichts – „C" für „Cour" (= *Gerichtshof*) oder „T" für „Tribunal" (= *Gericht erster Instanz*). Bei Entscheidungen, die vor der Schaffung des *Gerichts erster Instanz* im Jahre 1988 ergangen sind, entfällt diese Angabe. Es folgen ein Bindestrich und dann zwei durch Schrägstrich voneinander getrennte Zahlen. Letztere geben an, wann die Klage oder der Antrag bei Gericht eingegangen ist. So bedeutet zum Beispiel „C-450/93", daß es sich um die 450. Sache handelt, die im Jahre 1993 beim *Gerichtshof* anhängig gemacht wurde.

[1]*EuGH*, Urt. v. 17. 10. 1995 – C-450/93, Slg. I-3051 – Kalanke.

Regel E.16:	Bei der ausführlichen Art des Zitats folgen der Bezeichnung des Gerichts die Angabe der Entscheidungsform, ein „v.", das Datum der Entscheidung und die Nummer der Rechtssache.

3. Amtliche Sammlung oder Zeitschrift

Auf die Nummer der Rechtssache folgt, durch Komma abgetrennt, die Angabe der Fundstelle. Sämtliche Urteile des *EuGH* und des *EuG* werden in die amtliche Sammlung aufgenommen; Beschlüsse bleiben hingegen neuerdings manchmal unveröffentlicht. Die Fundstelle in der Sammlung läßt sich auf der Internetseite des *Gerichtshofs*[9] oder in EUR-Lex[10] ermitteln. In der amtlichen Sammlung veröffentlichte Entscheidungen zitiert man stets aus dieser und nicht aus Zeitschriften, in denen sie ebenfalls zu finden sind. Jedoch braucht die Veröffentlichung in der amtlichen Sammlung erfahrungsgemäß gewisse Zeit; bis dahin muß man aus Zeitschriften zitieren.

Die amtliche Sammlung wird mit „Slg." abgekürzt. Zur Angabe des Titels von Zeitschriften s.o. C II.

Regel E.17:	Die Fundstelle in der amtlichen Sammlung ist mit der Abkürzung „Slg." einzuleiten.

4. Jahrgang

Danach nennt man bei der Kurzform den Jahrgang der amtlichen Sammlung, in dem die Entscheidung veröffentlicht wurde. Bei der Langform kann man die Angabe des Jahrganges unterlassen, weil er sich aus dem zuvor genannten Datum der Entscheidung ergibt. Zur Angabe des Bandes bei Zeitschriften s.o. C III.

> [1] *EuGH*, Urt. v. 13.12.2001 – C-481/99, Slg. I-9945, Rdnr. 48 – Heininger.
> **oder:**
> [1] *EuGH*, Slg. 2001, I-9945 Rdnr. 48 – Heininger.

Regel E.18:	Es ist der Jahrgang der amtlichen Sammlung anzugeben, in dem die Entscheidung abgedruckt ist, es sei denn, dieser ergibt sich bereits aus dem Datum der Entscheidung.

5. Teil und Anfangsseite

Es folgen ein Komma und die Angabe der Stelle, an der der Abdruck der Entscheidung beginnt. Zu beachten ist, daß die amtliche

[9] http://curia.eu.int/de/content/juris/index.htm (Stand: 21.5.2006).
[10] http://eur-lex.europa.eu/de/index.htm (Stand 21.5. 2006).

Entscheidungssammlung seit der Schaffung des *EuG* im Jahre 1988 zwei Teile enthält: In Teil „I“ sind die Entscheidungen des *EuGH*, in Teil „II“ die des *EuG* zu finden. Daher ist zunächst die römische Ziffer für den jeweiligen Teil zu setzen. Danach folgen ein Bindestrich und die Anfangsseite. Es ist die Anfangsseite der Entscheidung insgesamt, nicht die der Urteilsgründe anzugeben.

> [1] *EuGH*, Urt. v. 19. 1. 1991 – C-6/90 und C-9/90, Slg. I-5357 – Francovich.
> **oder:**
> [1] *EuGH*, Slg. 1991, I-5357 – Francovich.

Regel E.19:	Nach dem Jahrgang sind der Teil der Sammlung, in dem die Entscheidung abgedruckt ist, sowie die Anfangsseite anzugeben.

6. Randnummer

Nach der Anfangsseite folgt die genaue Stelle, die zitiert wird. Dabei genügt es, die Randnummer anzugeben. Diese ist mit „Rdnr.“ oder „Rn.“ einzuleiten. Die Zahl der Seite, auf der sich die zitierte Stelle befindet, muß nicht genannt werden.

Regel E.20:	Auf die Angabe der Anfangsseite folgt die genaue Randnummer, auf die man sich bezieht.

7. Name der Entscheidung

Bei Entscheidungen der Gerichte der Europäischen Gemeinschaften werden die Namen der Parteien des anhängigen Verfahrens oder des Rechtsstreits, der die Grundlage der Vorlage nach Art. 234 EG bildet, veröffentlicht. Sie sind nach der Fundstelle zu nennen, von der sie durch einen Gedankenstrich getrennt werden. Die Parteien sind durch Schrägstrich voneinander abzutrennen.

> [42] *EuGH*, Urt. v. 23. 11. 1999, – C-149/96, Slg. I-8395, Rdnr. 48 – Portugal/Rat.
> **oder:**
> [42] *EuGH*, Slg. 1999, I-8395, Rdnr. 48 – Portugal/Rat.

War das zugrundeliegende Verfahren ein Strafverfahren, wird die Entscheidung mit dem Namen des Angeklagten zitiert.

[1]*EuGH*, Urt. v. 13.6.1996 – C-144/95, Slg. I-2909, Rdnr. 12 – Strafverfahren gegen Jean-Louis Maurin.
oder:
[1]*EuGH*, Slg. 1996, I-2909, Rdnr. 12 – Strafverfahren gegen Jean-Louis Maurin.

Handelte es sich um ein Verwaltungsverfahren, so ist es üblich, nur den Namen der zivilen Partei anzugeben.

[1]*EuGH*, Urt. v. 14.10.2004 – C-36/02, Slg. I-9609 – Omega Spielhallen- und Automatenaufstellungs-GmbH.
oder:
[1]*EuGH*, Slg. 2004, I-9609 – Omega Spielhallen- und Automatenaufstellungs-GmbH.

Darüber hinaus sind auch viele Entscheidungen, denen Zivilverfahren zugrunde lagen, unter dem Namen einer der Parteien bekannt geworden. Dann kann man sich damit begnügen, nur diesen Namen zu nennen.

[2]*EuGH*, Urt. v. 17.6.1992 – C-26/91, Slg. I-3967 Rdnr. 15 – Handte.
oder:
[2]*EuGH*, Slg. 1992, I-3967 Rdnr. 15 – Handte.

Es lassen sich keine allgemeingültigen Regeln darüber aufstellen, welcher Name ausgewählt wird. Anhaltspunkte bieten die Kopfzeile des Entscheidungsabdrucks in der Sammlung sowie die Zitierpraxis des *EuGH* und des *EuG*.

Regel E.21:	Am Ende des Zitats stehen ein Gedankenstrich und der Name des Urteils.

8. Schlußanträge des Generalanwalts

Will man aus den Schlußanträgen eines Generalanwalts zitieren, schreibt man „Generalanwalt" – oder auch „GA" – und dann in kursiver Schrift den Namen des Generalanwalts. Es folgen ein Komma, das Wort „Schlußanträge", die Abkürzung „v." für „vom" und das Datum der Schlußanträge. Danach nennt man wie bei Urteilen die Rechtssache und die Fundstelle in der Sammlung. Bei den Schlußanträgen muß stets auch der Jahrgang der Sammlung angegeben werden, in dem sie sich befinden, da er vom Datum der Schlußanträge abweichen kann. Hinter den Jahrgang setzt man ein Komma, die römische Ziffer des Teilbandes und nach einem Bindestrich die Anfangsseite der Schlußanträge. Es folgt die genaue Randnummer, auf die man sich bezieht. Am Ende stehen wie bei Urteilen ein Gedankenstrich und der Name des Falles.

> [16]Generalanwalt *Mischo*, Schlußanträge v. 13.3.2003 – C-9/02, Slg. 2004, I-2411, Rdnr. 60 – Hughes de Lasteyrie du Saillant.

Regel E.22:	Schlußanträge des Generalanwalts zitiert man mit dessen Namen und dem Datum. Die übrigen Angaben entsprechen denen bei Urteilen.

III. Wie zitiert man Entscheidungen des EGMR?

1. Bezeichnung des Gerichts

Zitate des *Europäischen Gerichtshofs für Menschenrechte* beginnen mit dessen Abkürzung: *EGMR*. Sie wird kursiv geschrieben. Bei Entscheidungen der *Großen Kammer* wird in Klammern „*(Große Kammer)*" hinzugefügt.

> [1]*EGMR (Große Kammer)*, Urt. v. 28.7.1999 – Nr. 34884/97, CEDH 1999-V, S. 1 – Bottazzi/Italien.

Regel E.23:	Zitate des *Europäischen Gerichtshofs für Menschenrechte* werden mit der Abkürzung *EGMR* und eventuell dem Zusatz „(*Große Kammer*)" eingeleitet.

2. Form und Datum der Entscheidung, Nummer der Beschwerde

Auf die Bezeichnung des Gerichts folgt, abgetrennt durch Komma, ein Hinweis, in welcher Form der *EGMR* entschieden hat. Achten Sie dabei auf die besondere Terminologie: Soweit nur über die Zulässigkeit entschieden wurde, spricht man beim *EGMR* von „Entscheidungen"; wurde dagegen auch die Begründetheit erörtert, handelt es sich um „Urteile"[11]. Für Entscheidungen benutzt man die Abkürzung „Ent.", für Urteile „Urt.". Es folgen ein „v." für „vom" und das Datum der Entscheidung oder des Urteils. Nach einem Gedankenstrich ist die Nummer der Beschwerde zu nennen.

> [12]*EGMR*, Urt. v. 26.2.2002 – 28525/95, CEDH 2002-I, S. 287 – Unabhängige Initiative Informationsvielfalt/Österreich.

---

[11] Vgl. Art. 45 I EMRK.

Regel E.24:	Auf die Bezeichnung des Gerichts folgen ein Komma, die Abkürzung „Urt." oder „Ent." sowie „v.", das Datum des Urteils oder der Entscheidung und die Nummer der Beschwerde.

3. Amtliche Sammlung oder Zeitschrift

Die Entscheidungen oder Urteile werden, sofern dort veröffentlicht, der amtlichen Sammlung des *Gerichtshofs* entnommen. Die Fundstelle in der amtlichen Sammlung läßt sich in der Datenbank „HUDOC" des *Gerichtshofs*[12] ermitteln. Ansonsten ist aus einer Zeitschrift zu zitieren. Zur Angabe des Titels von Zeitschriften s. o. C II.

Die amtliche Sammlung des *EGMR* wurde im Jahre 1996 grundlegend umgestaltet, was sich auch auf die Zitierweise auswirkt. Entscheidungen und Urteile aus der Zeit vor 1996 werden mit der französischen Bezeichnung „Série A" oder der englischen Bezeichnung „Series A" und der Nummer identifiziert.

[6] *EGMR*, Urt. v. 23.4.1987 – 9616/81, Série A n° 117 – Erkner und Hofauer.

Bei Entscheidungen nach 1996 nennt man den Titel der Sammlung mit der französischen Abkürzung „CEDH" (für: „Cour européenne des Droits de l'Homme") oder der englischen Abkürzung „ECHR" (für: „European Court of Human Rights"). Welche der beiden Abkürzungen gewählt wird, bleibt Ihnen überlassen. Innerhalb der Arbeit muß aber immer dieselbe Abkürzung verwendet werden, um den Leser nicht zu verwirren.

Regel E.25:	Die amtliche Sammlung wird seit 1996 mit der Abkürzung „CEDH" oder „ECHR" zitiert.

4. Jahrgang und Teilband

Bei den seit 1996 erlassenen Entscheidungen und Urteilen wird nach der Abkürzung „CEDH" oder „ECHR" der Jahrgang der Sammlung genannt, in dem die Entscheidung abgedruckt ist. Es folgen ein Bindestrich und eine römische Ziffer für den Teilband. Zu den vor 1996 erlassenen Urteilen s. o. 3.

---

[12] http://www.echr.coe.int/ECHR/FR/Header/Case-Law/Hudoc/Hudoc+database (Stand: 26. 3. 2006).

[17]*EGMR (Große Kammer)*, Urt. v. 28. 7. 1999 – 34884/97, CEDH 1999-V, S. 3 – Bottazzi/Italien.

Regel E.25: Nach der Abkürzung „CEDH" oder „ECHR" gibt man den Jahrgang und die Nummer desTeilbandes an.

5. Anfangsseite

Befinden sich in einem Band mehrere Entscheidungen, ist auch die Anfangsseite des Urteils oder Beschlusses zu nennen. Dazu ist ein „S." für „Seite" zu setzen.

[18]*EGMR*, Urt. v. 16. 12. 2003 – 48843/99, CEDH 2003-XII, S. 195 – Cooper/Vereinigtes Königreich.

6. Absatz

Die Entscheidungen des *EGMR* sind in Absätze unterteilt. Diese sind numeriert. Es ist der genaue Absatz zu nennen, auf den man sich bezieht. Dazu empfiehlt es sich, die Bezeichnung „Nummer" – abgekürzt „Nr." – zu verwenden.

[79]*EGMR*, Urt. v. 21. 11. 2001 – 35763/97, CEDH 2001-XI, S. 79, Nr. 37 – Al Adsani/Vereinigtes Königreich.

Regel E.27: Nach der Abkürzung „Nr." ist die Nummer des Absatzes zu nennen, auf den man sich bezieht.

7. Name der Entscheidung

Auf die Nummer des Absatzes folgen ein Gedankenstrich und der Name der Entscheidung. Dieser setzt sich aus den Namen der Parteien zusammen. Sie werden durch einen Schrägstrich voneinander getrennt. Die Namen von Staaten sind ins Deutsche zu übersetzen.

[1]*EGMR*, Urt. v. 31. 1. 1996 – 20398/92, CEDH 1996-I, S. 19 – Foquet/Frankreich.

Regel E.28: Das Zitat schließt mit einem Gedankenstrich und dem Namen der Entscheidung ab.

IV. Wie zitiert man Urteilsanmerkungen?

Es ist nicht notwendig, Anmerkungen zu einem Urteil zu nennen, das man zitiert. Wer es dennoch tun möchte, setzt hinter das Zitat des Urteils ein Komma, die Abkürzung „m. Anm." – für „mit Anmerkung" – und dann den Namen des Verfassers der Anmerkung. Befindet sich die Anmerkung in einer anderen Sammlung oder Zeitschrift als die Entscheidung, dann muß auch die Fundstelle der Anmerkung genannt werden.

> [1]*BGH*, Urt. v. 16.4.1991 – XI ZR 88/90, BGHZ 114, 177, m. Anm. *Canaris*, EWiR 1991, 671.
> **oder:**
> *BGHZ* 114, 177, m. Anm. *Canaris*, EWiR 1991, 671.

Wer Vollständigkeit mag, kann versuchen, alle Anmerkungen, die zu einem Urteil geschrieben wurden, anzuführen. Nur sollte man wissen, daß es sich dabei um ein fast aussichtsloses Unterfangen handelt. Eine Übersicht über die zu einer Entscheidung geschriebenen Anmerkungen kann der Leser in Datenbanken, wie juris oder Celex (für Entscheidungen des *EuGH*), finden.

Wenn aus einer Anmerkung selbst zitiert werden soll, ist zuerst der Name des Verfassers der Anmerkung zu schreiben. Es folgt als Übergang „Anm. z." für „Anmerkung zu" und danach die Angaben zur Identifizierung der Entscheidung. Dann schreibt man die Fundstelle der Anmerkung sowie die genaue Seite, auf die man sich bezieht.

> [3]*Schmidt-Kessel*, Anm. z. *EuGH*, Urt. v. 17.9.2002 – Rs. C-334/00 – Tacconi, ZEuP 2004, 1019 (1025).

Urteilsanmerkungen, aus denen zitiert wird, gehören in das Literaturverzeichnis. Dagegen werden Anmerkungen, die man nur hinter der Fundstelle einer Entscheidung erwähnt, nicht in das Literaturverzeichnis aufgenommen.

Regel E.29:	Es ist nicht notwendig, Anmerkungen zu einer Entscheidung zu nennen.
Regel E.30:	Will man es dennoch tun, setzt man hinter die Fundstelle der Entscheidung ein Komma, die Abkürzung „m. Anm.", den Namen des Verfassers und die Fundstelle der Anmerkung, falls diese von der Fundstelle der Entscheidung abweicht.
Regel E.31:	Falls aus der Anmerkung selbst zitiert werden soll, ist zuerst der Name des Autors zu nennen und hinter „Anm. z." die Angaben zur Entscheidung zu setzen. Es folgen die Fundstelle der Anmerkung sowie die genaue Seite, von der zitiert wird.

Muster für das Zitat einer Entscheidung:
1. Deutsche Gerichte:
a) Langform:
Bezeichnung des Gerichts, Urt., Beschl. oder Verf. v. Datum – Aktenzeichen, Name der Sammlung Band, Anfangsseite (genaue Seite).
b) Kurzform
Name der Sammlung Band, Anfangsseite (genaue Seite).
2. *EuGH* oder *EuG:*
a) Langform:
Bezeichnung des Gerichts, Urt. v. Datum – Nummer der Rechtssache, Slg. I oder II-Anfangsseite, Rdnr. Randnummer – Name der Entscheidung.
b) Kurzform
Bezeichnung des Gerichts, Slg. Jahrgang, I oder II-Anfangsseite, Rdnr. Randnummer – Name der Entscheidung.
3. Urteile oder Entscheidungen des EGMR:
EGMR, Urt. oder Ent. v. Datum – Nummer der Beschwerde, ECHR oder CEDH Jahrgang-Teilband, S. Anfangsseite, Rdnr. Absatz – Name des Urteils oder der Entscheidung.

Abschließende Beispiele:

[1] *BGH*, Urt. v. 25. 2. 2002 – II ZR 196/00, ZIP 2002, 848 (850).
[2] *OLG Bremen*, Urt. v. 25. 9. 1997 – 2 U 83/97, NZG 1998, 386, m. Anm. *Michalski*.
[3] *EuGH*, Urt. v. 10. 3. 1992 – C-214/89, Slg. I-1745, Rdnr. 17 – Powell Duffryn.
[4] *EGMR (Große Kammer)*, Ent. v. 7. 1. 2003 – 57420/00, CEDH 2003-I, S. 281 – Younger/Vereinigtes Königreich.
[5] *Leible/Sosnitza*, Anm. z. OLG Köln, Urt. v. 27. 11. 2001 – 15 U 108 u. 109/01, MMR 2002, 479 (480).

F. Wie zitiert man Rechtsvorschriften?

Vorbemerkung: Warum ist es wichtig, Gesetze genau zu zitieren?

Ein Jurist, der Gesetze nicht genauestens zitiert, ist eigentlich keiner. Es gehört zu den juristischen Grundfertigkeiten, Vorschriften mit Absatz, Satz und gegebenenfalls Nummer, Halbsatz oder Fall zu nennen. Warum? Weil der Leser in der Lage sein muß zu prüfen, auf welche Norm man sich bezieht. Wenn beispielsweise ein Staatsanwalt in einer Anklage wegen schweren Raubes als Rechtsgrundlage nur „§§ 249, 250 StGB" nennen würde, wüßte der Angeklagte nicht, was ihm vorgeworfen wird: daß er eine Schußwaffe bei sich geführt habe (§ 250 I Nr. 1 StGB) oder ein sonstiges Werkzeug, um den Widerstand eines anderen durch Gewalt oder Drohung mit Gewalt zu verhindern oder zu überwinden (§ 250 I Nr. 2 StGB), oder daß er etwa Mitglied einer Bande gewesen sei (§ 250 I Nr. 4 StGB). Wie soll sich der Angeklagte unter diesen Umständen verteidigen?

Man muß also stets genau sein, wenn man eine Vorschrift zitiert. Die Qualität eines Juristen hängt nicht zuletzt davon ab, wie gut er Gesetze benennen kann.

I. Wie zitiert man deutsche Rechtsvorschriften?

1. Artikel oder Paragraph

Zunächst nennt man den Artikel oder Paragraph, auf den man sich bezieht. Es ist daher darauf zu achten, ob das Gesetz in Artikel oder Paragraphen eingeteilt ist. Ein häufiger Fehler ist zum Beispiel, von „§ 4 EGBGB" zu reden, obwohl es „Art. 4 EGBGB" heißt.

Bei einem Artikel stellt man die Abkürzung „Art.", bei einem Paragraphen das Zeichen „§" voran. Sollen mehrere Paragraphen zitiert werden, so wird das Zeichen „§§" vor die Nummern der Paragraphen gesetzt. Bei mehreren Artikeln war es früher üblich, das „t" zu verdoppeln, also z. B. „Artt. 8–10" zu schreiben. Dies wirkt jedoch heute etwas altertümlich.

2. „Hausnummer"

Es folgt die Nummer des Artikels oder Paragraphen. Im Juristenjargon wird sie oft auch als „Hausnummer" bezeichnet. Beachten Sie, daß später eingeschobene Paragraphen häufig neben der Nummer einen Buchstaben tragen. Dieser muß genannt werden. Zwischen die Nummer und den Buchstaben ist ein Leerzeichen zu setzen.

▌ § 52 a BörsG

Werden mehrere Artikel oder Paragraphen zitiert, die aufeinanderfolgen, so wird häufig „ff." geschrieben. Gegen diese Praxis gilt jedoch das oben für Seitenzahlen vorgebrachte Bedenken (s. o. A V 2): Der Leser weiß nicht genau, wie weit das Zitat reicht. Daher sollten besser exakte Anfangs- und Endzahlen genannt werden.

▌ §§ 812–822 BGB

Zulässig ist dagegen die Bezeichnung „§ 812 f. BGB", weil der Leser dann weiß, daß der Autor § 812 und § 813 BGB meint.

3. Absatz

Hat die Vorschrift mehrere Absätze, dann ist der Absatz zu nennen, auf den man sich bezieht. Dafür stehen drei Möglichkeiten zur Verfügung:

Die erste Möglichkeit ist, die Nummer des Absatzes direkt hinter die Vorschrift mit römischer Ziffer zu schreiben.

▌ § 254 I BGB

Die zweite Möglichkeit ist, nach der Nummer des Artikels oder Paragraphen die Abkürzung „Abs." für „Absatz" zu schreiben und dann mit arabischen Ziffern die Nummer des Absatzes zu nennen.

▌ § 254 Abs. 1 BGB

Drittens kann die Nummer des Absatzes in arabischen Ziffern in Klammern hinter der Vorschrift genannt werden.

▌ § 254 (1) BGB

Welche Möglichkeit man wählt, hängt vom persönlichen Geschmack ab. Die erste Art ist kürzer als die zweite. Die dritte Zitierweise ist insbesondere im anglo-amerikanischen Bereich üblich; in Deutschland ist sie dagegen wenig verbreitet. Wir empfehlen die erste Art.

Ebenso wie Artikel oder Paragraphen werden auch Absätze manchmal nachträglich eingeschoben. Diese werden daher neben der Nummer mit einem Buchstaben bezeichnet, der zu nennen ist.

§ 2 II a WpHG
oder:
§ 2 Abs. 2a WpHG
oder:
§ 2 (2a) WpHG

Regel F.1:	Vorschriften sind stets möglichst genau mit Artikel oder Paragraph, Absatz, Satz, Nummer usw. zu zitieren.
Regel F.2:	Für das Zitieren von Absätzen gibt es drei unterschiedliche Formen. Am kürzesten ist die Verwendung römischer Ziffern.

4. Satz

Hat der zitierte Artikel oder Paragraph oder Absatz mehr als einen Satz, so muß die Nummer des Satzes genannt werden, auf den Bezug genommen wird. Die Sätze sind zum Beispiel im Schönfelder mit hochgestellten Ziffern numeriert. Ansonsten bleibt nur, die Sätze aufmerksam abzuzählen.

Die Angabe des Satzes ist unterschiedlich, je nachdem, welcher der drei oben genannten Zitierweisen man folgt. Bei der ersten Zitierweise wird die Nummer des Satzes mit arabischen Ziffern unmittelbar an die Nummer des Absatzes angeschlossen.

Art. 14 I 2 GG

Bei der zweiten Art des Zitierens setzt man zunächst ein „S." für „Satz". Erst dann folgt die Nummer des Satzes mit arabischen Ziffern.

Art. 14 Abs. 1 S. 2 GG

Bei der dritten Art wird die Nummer des Satzes in arabischen Ziffern direkt an die Nummer des Absatzes angeschlossen. Sie wird nicht in Klammern gesetzt.

Art. 14 (1) 2 GG

Hat die Vorschrift nur einen Absatz, dann muß bei allen drei Varianten zwischen die Nummer des Artikels oder Paragraphen und die Abkürzung des Gesetzes ein „S." für „Satz" eingeschoben werden.

Art. 53 S. 2 GG (*gilt für alle drei Zitierweisen*)

5. Halbsatz

Halbsätze entstehen, wenn ein Satz durch Semikolon geteilt wird. Man gibt den Halbsatz, auf den man sich bezieht, mit der Nummer und der Abkürzung „Halbs." an. Zuweilen wird auch die Abkürzung „HS" verwendet. Die Nummer wird mit arabischen Ziffern angegeben.

§ 319 I 2 Halbs. 2 BGB
oder:
§ 319 Abs. 1 S. 2 Halbs. 2 BGB
oder:
§ 319 (1) 2 Halbs. 2 BGB

Regel F.3:	Hat ein Satz Halbsätze, wird der zitierte Halbsatz mit „Halbs." und der Nummer angegeben.

6. Alternative, Fall oder Variante

Ist ein Satz zwar nicht formal, aber sinngemäß in mehrere Möglichkeiten geteilt, so ist die „Alternative", der „Fall" oder die „Variante" anzugeben.

Eine „Alternative" besteht nur dort, wo der Satz in zwei Teile gespalten ist. Die Alternative wird durch die Abkürzung „Alt." und die Nummer in arabischen Ziffern angegeben.

§ 812 I 1 Alt. 1 BGB
oder:
§ 812 Abs. 1 S. 1 Alt. 1 BGB
oder:
§ 812 (1) 1 Alt. 1 BGB

Ist ein Satz in drei oder mehr Teile aufgespaltet, so spricht man nicht von einer „Alternative", sondern von einem „Fall" oder einer „Variante". Diese Bezeichnungen kann man auch verwenden, wenn der Satz in zwei Teile gespalten ist. Man schreibt das Wort „Fall" aus, die „Variante" wird mit „Var." abgekürzt.

§ 267 I Fall 1 StGB
oder:
§ 267 I Var. 1 StGB

Regel F.4: Ist eine Bestimmung sinngemäß in verschiedene Möglichkeiten geteilt, so ist die Alternative (Alt.), der Fall oder die Variante (Var.) zu nennen, die man meint.

7. Nummer, litera oder Spiegelstrich

In vielen Gesetzen finden sich Aufzählungen. Meist sind diese numeriert. Dann muß die Nummer genannt werden, auf die Bezug genommen wird. Sie ist mit „Nr." einzuleiten.

§ 794 I Nr. 4 ZPO
oder:
§ 794 Abs. 1 Nr. 4 ZPO
oder:
§ 794 (1) Nr. 4 ZPO

Auch hier müssen zusätzliche Buchstaben beachtet werden, die auf nachträglichen Einschub hindeuten. Sie sind nach einem Leerzeichen hinter die Ziffer zu setzen.

§ 794 I Nr. 2a ZPO
oder:
§ 794 Abs. 1 Nr. 2a ZPO
oder:
§ 794 (1) Nr. 2a ZPO

Die Nummer kann auch weiter untergliedert sein. Dazu werden regelmäßig Buchstaben verwendet. Der jeweilige Buchstabe, lateinisch „litera", muß in diesem Fall genannt werden. Vor ihn ist die Abkürzung „lit." zu setzen.

§ 1587a II Nr. 3 lit. b BGB
oder:
§ 1587a Abs. 2 Nr. 3 lit. b BGB
oder:
§ 1587a (2) Nr. 3 lit. b BGB

Vor allem bei völkerrechtlichen Texten werden neben der Numerierung und der litera auch Spiegelstriche verwendet. Ein Spiegelstrich ist das zur Aufzählung verwendete Zeichen „–". Man muß die Spiegelstriche bis zu dem, auf den man sich bezieht, abzählen. Für das Wort „Spiegelstrich" gibt es keine Abkürzung; daher ist es auszuschreiben.

Art. 11 I Spiegelstrich 2 EU
oder:
Art. 11 Abs. 1 Spiegelstrich 2 EU
oder:
Art 11 (1) Spiegelstrich 2 EU

Regel F.5:	Bei Aufzählungen sind die Nummer mit „Nr.", der Buchstabe mit „lit." oder der Spiegelstrich zu nennen.

8. Gesetzesname

Das Gesetzeszitat schließt mit dem Namen des Gesetzes ab. Er wird bei bekannten Gesetzen mit einer Abkürzung wiedergegeben. Eine Liste der gebräuchlichsten Abkürzungen finden Sie im Anhang I 4.

§ 7 I StVG
oder:
§ 7 Abs. 1 StVG
oder:
§ 7 (1) StVG

Hat das Gesetz mehrere Bücher, die selbständig numeriert sind, so muß die Nummer des Buches genannt werden.

§ 116 SGB X

Bei Landesgesetzen darf der Hinweis auf das Land nicht vergessen werden, aus dem das Gesetz stammt. Dazu sind die Abkürzungen im Anhang I 3 zu verwenden.

§ 23 ThürOBG

Soll der vollständige Gesetzesname genannt werden, ist er im Genitiv an die Bestimmung anzuschließen.

§ 2 des Spruchverfahrensgesetzes

Bei selten zitierten Gesetzen empfiehlt es sich, auf die Fundstelle im Gesetzblatt hinzuweisen. Sie wird am besten in eine Fußnote geschrieben. Dafür gibt es zwei Formen: eine Kurzform und eine Langform.

Bei der Kurzform wird nur die Fundstelle im Gesetzblatt angegeben. Bei Bundesgesetzen wird zunächst die Abkürzung „BGBl" für „Bundesgesetzblatt" geschrieben. Dann sind ein Leerzeichen und die römische Ziffer für den Teil des Bundesgesetzblattes zu setzen, in dem das Gesetz abgedruckt ist. Die meisten Gesetze werden im Teil I des Bundesgesetzblattes veröffentlicht; in Teil II finden sich die völkerrechtlichen Übereinkommen sowie die Gesetze zu ihrer Inkraftsetzung oder Durchsetzung; in Teil III ist fortgeltendes Bundesrecht abgedruckt.

Bei Landesgesetzblättern muß neben dem Titel, z. B. „Gesetz- und Verordnungsblatt (GVBl)", auch das jeweilige Land genannt werden. S. dazu die im Anhang I 3 genannten Abkürzungen.

MV GVBl

Nach der Nennung des Teils des Gesetzblattes folgt – nur durch Leerzeichen getrennt – der Jahrgang, ein Komma und dann die Anfangsseite, auf der der Abdruck des Gesetzes beginnt. Eine Endseite muß nicht angegeben werden. Ebensowenig bedarf es der Nennung einer genauen Seite, auf der sich die zitierte Vorschrift befindet.

[1]BGBl I 1974, 3610.

Bei der Langform werden der gesamte Titel des Gesetzes und das Datum des Erlasses angegeben. Danach folgt die Fundstelle im Gesetzblatt. Der Jahrgang des Bundesgesetzblattes kann weggelassen werden, wenn er mit dem Jahr des Erlasses identisch ist.

[1]Gesetz zur Verbesserung der betrieblichen Altersversorgung v. 19. 12. 1974, BGBl I, 3610.

Die Fundstelle eines Gesetzes im jeweiligen Landes- oder Bundesgesetzblatt läßt sich übrigens entweder über die Datenbank „Gesetze und Vorschriften" in juris oder über den Fundstellennachweis A zum Bundesgesetzblatt ermitteln.

Wenn auf die mittlerweile geänderte Fassung eines Gesetzes Bezug genommen wird, muß dies gekennzeichnet werden. Üblich ist es, dazu hinter den Namen des Gesetzes „a. F." für „alte Fassung" zu schreiben.

§ 1030 ZPO a. F.

Ist ein Gesetz erst kürzlich geändert worden oder will man den Gegensatz zur älteren Fassung betonen, so schreibt man hinter den Namen des Gesetzes „n. F." für „neue Fassung".

Art. 16 GG n. F.

Zu Gesetzentwürfen s. u. G I 3.

Regel F.6:	Bekannte Gesetze werden mit der im Anhang I 4 dieses Buches angegebenen Abkürzung bezeichnet. Ansonsten wird der Gesetzesname ausgeschrieben und die Fundstelle im Gesetzblatt in einer Fußnote zitiert.
Regel F.7:	Alte Fassungen sind stets mit „a. F." zu kennzeichnen; auf neue Fassungen kann mit „n. F." hingewiesen werden.

9. Paragraphenketten

Sollen mehrere Bestimmungen zitiert werden, die nicht aufeinander folgen, so müssen diese durch Kommata voneinander getrennt werden. Aber Vorsicht: Leicht kann beim Leser Verwirrung entstehen, ob es sich um einen Absatz oder eine neue Bestimmung handelt. Dazu das folgende

> Art. 1 I, II GG
> **oder:**
> Art. 1 Abs. 1, 2 GG
> **oder:**
> Art. 1 (1), (2) GG

Theoretisch könnte es sich in der zweiten Zitierweise bei der „2" sowohl um Art. 1 Abs. 2 GG als auch um Art. 2 GG handeln. Allein aus der Form ist nicht ersichtlich, welche Vorschrift gemeint ist. Das Problem stellt sich nicht, wenn man – wie oben unter 3 empfohlen – der ersten Zitierweise folgt.

Will man dennoch der zweiten Zitierweise folgen, kann man das Problem dadurch lösen, daß man vor den zweiten Absatz erneut die Abkürzung „Abs." setzt.

> Art. 1 Abs. 1, Abs. 2 GG

Meint man dagegen Artikel 2 GG, so ist erneut ein „Art." zu schreiben.

> Art. 1 Abs. 1, Art. 2 GG

Bei Paragraphen ist ein neues Paragraphenzeichen zu schreiben.

> § 108 Abs. 1, § 2 BGB

Nennt man mehrere Vorschriften eines Gesetzes, genügt es, die Gesetzesabkürzung nach der letzten Bestimmung zu nennen, da der Leser davon ausgeht, daß alle Vorschriften demselben Gesetz entstammen. Verhält es sich anders, muß man darauf natürlich hinweisen. Bei Verweisen in ein anderes Gesetz ist es außerdem üblich, den Einschub „i. V. mit“ zu benutzen. Ebenfalls zulässig ist die Abkürzung „i. V. m.“.

> § 823 II BGB i. V. mit § 263 I StGB
> **oder:**
> § 823 Abs. 2 BGB i. V. mit § 263 Abs. 1 StGB
> **oder:**
> § 823 (2) BGB i. V. mit § 263 (1) StGB

Umstritten ist, wie man Paragraphenketten aufbaut. Soll man von der allgemeinen zur spezielleren Vorschrift gehen, oder umgekehrt?

> §§ 433, 434 I 2 Nr. 2, 437 Nr. 3, 280 I BGB
> **oder:**
> §§ 280 I, 437 Nr. 3, 434 I 2 Nr. 2, 433 BGB

Beide Zitierweisen sind zulässig. Die zweite hat den Vorteil, daß sie mit der Norm beginnt, die die erstrebte Rechtsfolge ausspricht. Trotzdem bevorzugen wir die erste Variante. Denn mit ihrer Hilfe läßt sich die Prüfung leichter gestalten, weil man die Gesetze von vorn „abarbeiten“ kann.

Schwierigkeiten bereitet auch die Frage, welche Normen man in eine Paragraphenkette aufnehmen muß. Grundsätzlich genügt es, die wichtigsten Vorschriften aufzunehmen, die durch Verweisungen „wie an einer Kette“ aneinanderhängen. Hilfsnormen, wie beispielsweise § 90 BGB oder § 15 StGB, können weggelassen werden.

> Anspruch aus §§ 946, 951 I 1, 812 I 1 Alt. 2 BGB (*Der bei der Prüfung ebenfalls relevante § 94 BGB muß in der Paragraphenkette nicht genannt werden.*)

Dagegen ist es zu spartanisch, lediglich die Norm zu nennen, aus der sich die begehrte Rechtsfolge ergibt. Wer beispielsweise bei einem Schadensersatzanspruch wegen Mangels der Kaufsache nur § 280 I BGB nennt, sagt im Grunde nichts. Denn § 280 I BGB ist die Grundnorm für Schadensersatzansprüche aus allen Schuldverhältnissen.

Regel F.8:	Bei Paragraphenketten sind die einzelnen Vorschriften von der allgemeinen zur spezielleren Norm aneinanderzureihen. Nur die wesentlichen Vorschriften sind aufzuführen.

II. Wie zitiert man deutsche Verordnungen?

Verordnungen werden grundsätzlich ebenso wie Gesetze zitiert, also mit Paragraph, Absatz, Satz und so fort. Bei bekannten Verordnungen kann ähnlich wie bei Gesetzen eine Abkürzung verwendet werden. S. dazu die Tabelle im Anhang I 4.

§ 1 der 4. BImschVO

Die meisten Verordnungen sind allerdings weniger bekannt und müssen daher mit dem Titel und der Fundstelle im Bundesgesetzblatt angegeben werden.

§ 1 der Verordnung über die Anwendung der Guten Klinischen Praxis bei der Durchführung von klinischen Prüfungen mit Arzneimitteln zur Anwendung am Menschen (GCP-Verordnung) v. 9. 8. 2004, BGBl I, 2081.

Nachdem eine Abkürzung, wie z. B. „GCP-Verordnung", in einer Fußnote erwähnt wurde, kann man im Folgenden die Verordnung mit nur dieser Abkürzung zitieren.

Regel F.9: Verordnungen müssen in der Regel mit dem vollen Titel und der Fundstelle zitiert werden.

III. Wie zitiert man europäische Rechtsvorschriften?

1. Primärrecht

Das Primärrecht der Union sind die zwischen den Mitgliedstaaten geschlossenen Verträge. Sie werden mit dem jeweiligen Artikel, abgekürzt „Art.", zitiert. Absätze werden mit römischen Ziffern genannt. Es gelten die Ausführungen zu deutschen Rechtsvorschriften, s. o. I.

Eine Besonderheit des Gemeinschaftsrechts sind die sogenannten Unterabsätze. Sie sind daran zu erkennen, daß sie nicht numeriert sind. Man zitiert Unterabsätze mit der Abkürzung „Unterabs.". Ebenfalls zulässig ist die Abkürzung „UA".

Art. 17 I Unterabs. 2 EU

Der jeweilige Vertrag wird in der im Anhang I 5 angegebenen Weise abgekürzt. Besonders zu beachten ist, daß sich die Abkürzungen der Verträge seit dem Vertrag von Amsterdam geändert haben[13]. So bezeichnet man zum Beispiel den EG-Vertrag in der Fassung seit dem Vertrag von Amsterdam mit „EG", in der Fassung davor mit „EGV"; der EU-Vertrag in der neuen Fassung wird mit „EU", in der alten Fassung mit „EUV" abgekürzt. Achten Sie auch auf die geänderte Numerierung des EG-Vertrages!

Regel F.10:	Primäres Gemeinschaftsrecht wird mit der Abkürzung des jeweiligen Vertrages zitiert.
Regel F 11:	Die Nummer des Artikels wird mit der Abkürzung „Art." zitiert. Es folgt die Nummer des Absatzes in römischen Ziffern.
Regel F 12:	Unterabsätze werden mit der Abkürzung „Unterabs." und arabischen Ziffern zitiert.

2. Sekundärrecht

Zum Sekundärrecht gehören unter anderem Verordnungen und Richtlinien. Sie werden mit dem jeweiligen Artikel zitiert. Danach folgt der Name des Rechtsaktes. Er muß im Text nicht vollständig angegeben werden; vielmehr genügt hier ein kurzer Hinweis auf die Nummer oder den Titel.

> So verhält es sich etwa nach Artikel 1 I der Zweigniederlassungsrichtlinie[12].

In einer Fußnote folgt dann der ausführliche Nachweis des Rechtsaktes. Zunächst wird der Titel so geschrieben, wie er in der Überschrift angegeben ist, also mit Datum und Nummer.

Es folgen ein Komma und die Fundstelle im Amtsblatt. Das Amtsblatt wird mit „ABl" und dem Zusatz „EG" oder „EU" zitiert. Dabei ist zu beachten, daß die Bezeichnung „Amtsblatt der Europäischen Gemeinschaften" mittlerweile in „Amtsblatt der Europäischen Union" geändert wurde. Die Abkürzung des neuen Amtsblattes ist also „ABlEU".

Auf die Abkürzung „ABlEG" oder „ABlEU" folgen „Nr." für „Nummer" und der Buchstabe „L". Er steht für französisch: „législation" und bezeichnet den Teil des Amtsblattes, in dem die Rechtsvorschriften veröffentlicht werden.

Danach folgt die Nummer des Amtsblattes. Obwohl sie bereits eine eindeutige Zuordnung erlaubt, ist es üblich, auch das Datum des Amtsblattes anzugeben. Dieses wird mit „v." für „vom" von der Nummer des Amtsblattes abgetrennt. Auf das Datum folgen ein

[13] S. dazu die Information auf der Internetseite des *EuGH*, http://curia.eu.int/de/content/juris/index_infos.htm (Stand: 21. 5. 2006).

Komma und der Buchstabe „S." für Seite; danach ist die Anfangsseite des Abdrucks anzugeben.

> [12]Elfte Richtlinie 89/666/EWG des Rates v. 21.12.1989 über die Offenlegung von Zweigniederlassungen, die in einem Mitgliedstaat von Gesellschaften bestimmter Rechtsformen errichtet wurden, die dem Recht eines anderen Staates unterliegen, ABlEG Nr. L 395 v. 30.12.1989, S. 36.

Für bestimmte Verordnungen hat sich eine Abkürzung eingebürgert, die auch im Text verwendet werden kann.

> Die Zuständigkeit des Gerichts ergab sich hier aus Art. 5 Nr. 1 lit. a EuGVO.
> (*EuGVO*[14] *steht für die Verordnung Nr. 44/2001 des Rates v. 22.12.2000 über die gerichtliche Zuständigkeit und die Anerkennung und Vollstreckung von Entscheidungen in Zivil- und Handelssachen, ABlEG Nr. L 12 v. 16.1.2001, S. 1.*)

Regel F.13:	Bei sekundärem Gemeinschaftsrecht werden in der Regel der gesamte Titel des Rechtsaktes und die Fundstelle im Amtsblatt angegeben. Die Fundstelle setzt sich aus der Abkürzung „ABlEG" oder „ABlEU", der Abkürzung „Nr.", dem Buchstaben „L", der Nummer und dem Datum des Amtsblattes sowie der Seitenzahl zusammen.

IV. Wie zitiert man völkerrechtliche Verträge?

Völkerrechtliche Verträge sind ebenfalls mit Artikel, Absatz, Satz, Nummer usw. zu zitieren. Sind die Artikel mit römischen Ziffern numeriert, dann ist dies auch beim Zitat zu beachten. In diesem Fall ist die zweite oder dritte Zitierweise zu befolgen. S. o. I 3.

> Art. V Abs. 2 UNÜ
> **oder:**
> Art. V (2) UNÜ

Es ist fast immer notwendig, den vollständigen Titel des Vertrages anzugeben. Eine Ausnahme gilt nur für sehr bekannte Verträge, wie z. B. die Europäische Menschenrechtskonvention (eigentlich „Konvention zum Schutz der Menschenrechte und Grundfreiheiten"). Diese kann man mit einer Abkürzung zitieren. Zu den Abkürzungen wichtiger Verträge vgl. Anhang I 5.

---

[14] Richtiger wäre die Abkürzung „EuGVVO", doch hat sich „EuGVO" mittlerweile eingebürgert.

Art. 6 EMRK

Die in manchen Ländern, zum Beispiel Frankreich, zu beobachtende Neigung, Verträge nach dem Ort des Abschlusses zu benennen, hat sich in Deutschland nicht durchgesetzt.

Art. 5 Nr. 1 EuGVÜ (*nicht: Brüsseler Übereinkommen*).

Wichtig ist, daß neben dem Titel auch das Datum des Vertragsabschlusses angegeben wird. Mit ihm läßt sich der Vertrag leichter finden, etwa im Fundstellennachweis B zum Bundesgesetzblatt.

Es folgt die Angabe der Fundstelle. Völkerrechtliche Verträge, die von der Bundesrepublik ratifiziert wurden, werden in Teil II des Bundesgesetzblattes veröffentlicht. Der Jahrgang des Bundesgesetzblattes muß unbedingt angegeben werden. Er ist mit dem Jahr des Abschlusses des Übereinkommens nicht notwendigerweise identisch, sondern hängt von der Ratifizierung ab.

Artikel XXV Abs. 5 S. 2 des Freundschafts-, Handels- und Schiffahrtsvertrags zwischen der Bundesrepublik Deutschland und den Vereinigten Staaten v. 29. 10. 1954, BGBl II 1956, 487.

Für von Deutschland nicht ratifizierte Verträge zitiert man die United Nations Treaty Series, abgekürzt UNTS.

Internationales Übereinkommen über den Schutz der Rechte aller Wanderarbeiter und ihrer Familienangehörigen v. 18. 12. 1990, UNTS Nr. 39481, Bd. 2220, S. 93.

Regel F.14: Völkerrechtliche Verträge werden in der Regel mit dem vollen Titel bezeichnet.
Regel F.15: Das Datum des Abschlusses ist anzugeben.
Regel F.16: Weiterhin muß die Fundstelle im BGBl Teil II oder in der United Nations Treaty Series (UNTS) genannt werden.

G. Wie zitiert man Dokumente und Materialien?

Vorbemerkung: Was sind Dokumente und Materialien?

Häufig benötigt der Jurist zum Arbeiten neben Gesetzen, Urteilen und wissenschaftlichen Werken noch andere Quellen. Am wichtigsten sind dabei Gesetzgebungsmaterialien. Aber es kommen auch andere Dokumente in Betracht, z. B. Berichte von Organisationen. Im Folgenden werden einige Regeln zum Zitieren solcher Dokumente und Materialien gegeben.

I. Wie zitiert man deutsche Gesetzgebungsmaterialien?

1. Drucksachen des Bundestags und des Bundesrats

Zuerst ist anzugeben, ob es sich um eine Drucksache des *Bundestags* oder des *Bundesrats* handelt. Für erstere ist die Abkürzung „BT-Dr" oder „BT-Drucks." üblich, für letztere „BR-Dr" oder „BR-Drucks.". Danach folgen die Nummer der Legislaturperiode und, mit einem Schrägstrich abgetrennt, die Nummer der Drucksache. Wird eine bestimmte Seite zitiert, so ist ein Komma zu setzen, die Abkürzung „S." für „Seite" und danach die Seitenzahl zu schreiben.

BT-Dr 14/8017, S. 3

Regel G.1:	Bundestags- und Bundesratsdrucksachen zitiert man mit der Nummer der Legislaturperiode, der Nummer des Dokuments und der genauen Seite.

2. Stenographische Berichte des Bundestags und des Bundesrats

Stenographische Berichte des *Bundestags* oder des *Bundesrats* sind mit dem Kürzel „Verh. d." für „Verhandlungen des" und der Abkürzung des Organs – „BT" oder „BR" – zu zitieren. Danach wird die Nummer der Wahlperiode mit der Abkürzung „Wahlp." genannt. Es folgen ein „S." für Seite und die Seitenzahl in den Stenographischen Berichten.

[12]Verh. d. BT, 3. Wahlp., S. 9459.

> **Regel G.2:** Stenographische Berichte des *Bundestags* und des *Bundesrats* zitiert man mit „Verh. d.", dem Kürzel des Organs, der Nummer der Wahlperiode und der Seitenzahl.

3. Gesetzentwürfe

Soll ein Gesetzentwurf zitiert werden, schreibt man „Entwurf eines Gesetzes zu ...". Danach gibt man die Fundstelle an. Existiert bereits eine Abkürzung des Gesetzes, so benutzt man diese, einen Bindestrich und den Buchstaben „E" für „Entwurf".

> § 17 UWG-E

Referentenentwürfe sind mit der Abkürzung „RefE" und dem Namen des Gesetzes zu zitieren.

> § 139 I 2 RefE ZPO
> **oder:**
> § 139 Abs. 1 S. 2 RefE ZPO
> **oder:**
> § 139 (1) 2 RefE ZPO

> **Regel G.3:** Gesetzentwürfe können mit dem Zusatz „-E" gekennzeichnet werden. Bei Referentenentwürfen schreibt man „RefE".

4. Motive und Protokolle zum BGB

Die Motive und die Protokolle zum BGB zitiert man mit Band und Seite. Für die Protokolle der Zweiten Kommission verwendet man die Abkürzung „Prot.". Mit dem Wort „bei" weist man auf den Herausgeber hin.

> Motive bei *Mugdan* III, S. 1.
> Prot. bei *Mugdan* III, S. 2.

II. Wie zitiert man Dokumente der Europäischen Kommission?

Bei Dokumenten der *Kommission der Europäischen Gemeinschaften* ist zuerst der Titel zu nennen. Danach wird ein Komma gesetzt und die Abkürzung „KOM" (englisch und französisch: „COM") für „Kommission" geschrieben. Es folgen die Jahreszahl und die Nummer des Dokuments; letztere wird in Klammern gesetzt. Mit der Abkürzung „endg." weist man darauf hin, daß es sich um die endgültige Fassung des Dokuments handelt.

[12]Mitteilung der Kommission an das Europäische Parlament und den Rat, Europäisches Vertragsrecht und Überarbeitung des gemeinschaftlichen Besitzstands – weiteres Vorgehen, KOM 2004 (651) endg.

Regel G.4:	Bei Dokumenten der *Kommission* werden das Kürzel „KOM", das Jahr und in Klammern die Nummer des Dokuments geschrieben.

III. Wie zitiert man amtliche Verfügungen und Rundschreiben?

Amtliche Verfügungen werden ähnlich wie Urteile zitiert. Es sind die erlassende Stelle, das Datum, das Aktenzeichen und die Fundstelle anzugeben. Die Stelle schreibt man in kursiver Schrift. Statt des Wortes „Verfügung" kann man die Abkürzung „Vfg." benutzen.

[1]*OFD Erfurt*, Vfg. v. 17. 7. 1992, S 2333 A – 3 – St. 2.03.01, GmbHR 1992, 777.

Rundschreiben zitiert man mit der Bezeichnung der Behörde, „Schreiben v.", dem Datum und der Fundstelle.

[2]*BMF*, Schreiben v. 16. 5. 1994, GmbHR 1994, 425.

Regel G.5:	Amtliche Verfügungen werden mit erlassender Behörde, Datum, Aktenzeichen und Fundstelle zitiert.
Regel G.6:	Bei Rundschreiben sind die Behörde, das Datum und die Fundstelle zu nennen.

IV. Wie zitiert man sonstige Dokumente?

Bei sonstigen Dokumenten ist zuerst der Name des Autors oder des Herausgebers zu nennen. Es folgen Titel und Erscheinungsjahr.

[1]*Monopolkommission*, Wettbewerb als Leitbild für die Hochschulpolitik, Sondergutachten Nr. 30, 2000.

Regel G.7:	Bei sonstigen Dokumenten sind der Autor oder Herausgeber, der Titel und das Jahr anzugeben.

V. Wie zitiert man Dokumente aus dem Internet?

Alles, was im Internet steht, kann morgen an anderer Stelle oder verschwunden sein. Man sollte daher vermeiden, aus dem Internet zu zitieren. Wenn ein Dokument jedoch nicht in gedruckter Form erhältlich ist, bleibt nichts anderes übrig, als auf die Fundstelle im Internet zu verweisen. Dazu nennt man zuerst den Autor, soweit dieser bekannt ist, und den Titel des Dokuments. Es folgt die Web-Adresse. Man muß dabei darauf achten, daß die Adresse so, wie man sie angibt, aufgerufen werden kann. Hinter die Adresse ist in runde Klammern „Stand:" und dann das Datum zu setzen, an dem man das letzte Mal diese Seite aufgerufen hat.

[12] *Deutscher Richterbund*, Stellungnahme zum Grünbuch der Kommission der Europäischen Gemeinschaften über die Umwandlung des Übereinkommens von Rom aus dem Jahr 1980 über das auf vertragliche Schuldverhältnisse anwendbare Recht in ein Gemeinschaftsinstrument sowie über seine Aktualisierung, http://www.drb.de (Stand: 6. 6. 2006).

Regel G.8: Bei Dokumenten aus dem Internet ist die Web-Adresse anzugeben. Dahinter ist in Klammern das Datum zu nennen, an dem man die Seite das letzte Mal aufgerufen hat.

2. Teil: Praktische Ratschläge

In diesem Teil geben wir Ihnen einige praktische Hinweise zum Zitieren. Erörtert werden Fragen wie der Zweck des Zitierens, die Auswahl der Literatur, die Form der Fußnote, die Gestaltung des Literaturverzeichnisses und des Abkürzungsverzeichnisses. Die Hinweise sind als unverbindliche Ratschläge zu verstehen.

H. Allgemeine Hinweise zum Zitieren

I. Warum zitiert man?

Um richtig zu zitieren, müssen Sie sich zunächst klarmachen, warum man zitiert. Zitieren dient in erster Linie dazu, fremde Ideen als solche kenntlich zu machen. Wer anderer Gedanken abschreibt, ohne zu vermerken, von wem sie stammen, handelt nicht nur unwissenschaftlich; er handelt auch unmoralisch. Das Zitieren wahrt das berechtigte Interesse des Autors, als Urheber einer Idee anerkannt zu werden.

In rechtswissenschaftlichen Arbeiten geht es jedoch beim Zitieren um noch mehr. Das juristische Zitat soll auch zeigen, daß man sich mit dem Stand von Rechtsprechung und Literatur auseinandergesetzt hat. Nur in den seltensten Fällen entscheidet oder forscht man auf Gebieten, in denen noch niemand gearbeitet hat. Sie müssen daher Gerichtsurteile und Literatur einbeziehen, wollen Sie sich nicht dem Vorwurf aussetzen, den bereits erreichten Erkenntnisstand zu ignorieren. Nicht selten werden untergerichtliche Entscheidungen aufgehoben, weil sie sich nach Ansicht des Obergerichts mit der Rechtsprechung oder Literatur nicht genügend auseinandergesetzt haben. Von einem Professor ist der Ausspruch überliefert, er müsse nur in die Fußnoten einer Seminararbeit sehen, um deren Qualität beurteilen zu können.

Durch die Angabe der Fundstelle erleichtern Sie dem Leser zudem die Nachprüfung, ob die angegebenen Auffassungen wirklich vertreten werden und richtig wiedergegeben sind. Ohne eine Referenz wird der Bezug auf eine angeblich existierende Meinung zur bloßen Behauptung. Erst durch die Angabe der Fundstelle erlauben Sie dem höheren Gericht oder dem Korrektor, die von Ihnen getroffenen Aussagen über die Ansichten Dritter zu überprüfen.

Zitieren kann noch andere Zwecke haben. Nicht selten kennt der Leser das Thema der Arbeit nicht und möchte sich näher darüber informieren. Dann kann ein weiterführender Hinweis hilfreich sein.

Regel H.1: Zitieren dient dazu,

1. die berechtigten Interessen des Urhebers einer Idee zu wahren,
2. den Stand von Wissenschaft und Rechtsprechung wiederzugeben,
3. die Wiedergabe der genannten Ansichten besser überprüfen zu können,
4. weiterführende Literatur leichter auffinden zu können.

II. Aus welchen Gründen sollte man nicht zitieren?

Zitieren Sie nie, um ihre Arbeit „wissenschaftlicher" aussehen zu lassen. Der kundige Leser wird sofort erkennen, daß Sie sich mit den genannten Quellen nicht eingehend beschäftigt haben, und dies als Mangel kritisieren. Daher sollten Sie nur dasjenige zitieren, was Sie auch wirklich zur eigenen Arbeit verwendet haben. Haben Sie sich dabei auf wenige Quellen beschränkt, hilft es Ihnen nichts, später noch andere Werke hinzuzufügen, um sie gleichsam zu „verwursten". Das Resultat sind Widersprüchlichkeiten und Ungereimtheiten. Darüber hinaus führt vermeintlich umfassendes Zitieren nur dazu, daß Sie Zeit und Platz verlieren.

Ebensowenig sollten Sie zitieren, um Fragen, mit denen Sie sich nicht auseinandergesetzt haben, in eine Fußnote zu „verbannen". Entweder ist eine Frage relevant, dann gehört sie in den Text. Oder sie ist nicht relevant, dann ist es auch nicht nötig, auf sie einzugehen. Man kann sich nicht durch den Blankoverweis auf andere Autoren absichern. Gefragt ist die eigene Stellungnahme zu einem Problem, nicht die anderer.

Regel H.2: Zitieren Sie nicht,
1. um Ihre Arbeit wissenschaftlicher aussehen zu lassen oder
2. um sich gegen Fragen abzusichern, die Sie nicht behandelt haben.

III. Wie zitiert man?

Aus den oben genannten Zwecken des Zitierens ergibt sich die allgemeine Regel, wie man zitiert, von selbst. Sie lautet: Zitiere stets so, daß der Leser die Quelle erkennen und leicht auffinden kann. Man kann sie auch als „die goldene Regel des Zitierens" bezeichnen. Sind Sie sich über die richtige Zitierweise im Zweifel – und haben die Zitierfibel gerade nicht zur Hand –, dann fragen Sie sich: Welche Angaben benötigt der Leser, um eine Fundstelle zweifelsfrei zu identifizieren und in der Bibliothek oder in einer Datenbank nachzusehen? Alle dazu nicht erforderlichen Angaben können Sie weglassen.

Regel H.3: Zitieren Sie stets so, daß der Leser die Quelle erkennen und leicht auffinden kann.

IV. Wie oft zitiert man?

Es gibt keine Vorschrift, ob man etwa drei oder fünf Fußnoten pro Seite setzen sollte. Wie häufig man zitiert, hängt vielmehr vom Inhalt des Textes ab, den man schreibt. Es gilt die Regel: Zitiere nicht mehr als erforderlich, aber so oft wie nötig!

Der Verweis auf einen anderen Autor ist immer dann notwendig, wenn Sie einen Gedanken von ihm übernehmen. Schreiben Sie über eine Frage, die vorher kaum oder nicht behandelt wurde, so müssen Sie naturgemäß sehr wenige oder gar keine Fußnoten setzen. Es ist kein Zeichen von Wissenschaftlichkeit, jeden Satz mit einer Fußnote zu versehen. Ein Sammelsurium von Zitaten zeigt vielmehr gerade, daß man selbst keine eigenen Ideen hat, sondern nur bei anderen abschreibt. Das Zitieren sollte nicht als Pflichtübung verstanden werden. Ein kreativer Schreibstil kann dazu führen, daß im Einzelfall eine ganze Zahl von Seiten ohne Belege bleibt. Wo es nichts zu zitieren gibt, kann man auch nicht zitieren.

Regel H.4:	Zitieren Sie nicht mehr als erforderlich, aber so oft wie nötig!
Regel H.5:	Ein kreativer Schreibstil kommt mit wenigen Fußnoten aus.

V. Was zitiert man?

Man zitiert stets nur Fundstellen, die man auch gelesen hat. „Blindzitate“ sind zwar weit verbreitet, rächen sich aber meist. Zitiert ein Autor fehlerhaft – was öfter vorkommt, als der Laie denkt – dann setzen Sie diesen Fehler in Ihrer eigenen Arbeit fort. Noch wichtiger sind jedoch andere Folgen. Wer eine Stelle nicht gelesen hat, sondern sie nur aus anderer Literatur übernimmt, hat keine Ahnung davon, was wirklich in der Fundstelle geschrieben steht. Das kann derjenige, der die Originalliteratur kennt, leicht erkennen.

Unter die Überschrift „Was zitiert man?“ gehört auch eine Bemerkung dazu, was man nicht zitiert: Verweisen Sie nicht auf Skripten und Zeitschriften, die von Repetitorien herausgegeben werden. Sie sind unter Professoren verpönt. Weil sie meist nur übersichtsartige Aufbereitungen der Lehre und Rechtsprechung enthalten, werden sie als von geringem wissenschaftlichen Wert angesehen. Obwohl auch hier Ausnahmen die Regel bestätigen, sollten Sie im eigenen Interesse vorsichtig sein, mit den Konventionen zu brechen.

Ebenfalls nicht zitieren dürfen Sie Vorlesungsskripten. Sie sind meist nur Rohfassungen und nicht zum Zitieren gedacht, sondern zum Lernen.

Regel H.6:	Zitieren Sie nur, was Sie selbst nachgelesen haben!
Regel H.7:	Zitieren Sie keine Repetitorien- oder Vorlesungsskripten.

VI. Wen zitiert man?

Diese Frage stellt sich angesichts der Flut der Veröffentlichungen, die oft denselben oder ähnlichen Inhalt haben, immer dringender. Um sie zu beantworten, hilft es wieder, sich auf den Zweck des Zitierens zu besinnen. Weil Zitieren unter anderem dazu dient, fremde Gedanken als solche erkennbar zu machen und dem Urheber die ihm gebührende wissenschaftliche Anerkennung zukommen zu lassen, sollten Sie stets versuchen, denjenigen zu nennen, der eine bestimmte Idee als Erster veröffentlicht hat.

[1]Zum neben dem Vertrag bestehenden gesetzlichen Schuldverhältnis *Canaris*, JZ 1965, 475 (478).

Erforderlich ist daher immer eine historische Herangehensweise. Sie mag Ihnen manchmal schwerfallen. Hilfe bieten jedoch die Fußnoten anderer. Wenn der Autor eines jüngeren Aufsatzes, den Sie zur Verfügung haben, nach der hier beschriebenen Weise vorgeht, dann zitiert er den Urheber der Idee. Dessen Veröffentlichung können Sie dank des Verweises auffinden, wobei nach dem oben Gesagten selbstverständlich sein sollte, daß Sie sie nicht blind zitieren, sondern nachschlagen. Die verschiedenen Methoden, wie man Rechtsliteratur auffindet, hat *Heribert Hirte* in einem Buch anschaulich zusammengefaßt[15].

Es kann zweckmäßig sein, außer dem Urheber auch andere Autoren zu zitieren, die derselben Auffassung folgen. Vor allem ist dies ratsam, wenn die Idee umstritten ist und Sie daher ihre Bedeutung in der Literatur oder Rechtsprechung belegen wollen.

Sie sollten sich stets bemühen, Rechtsprechung und Lehre vollständig zu zitieren. Es ist jedoch nur selten möglich, alle Gerichte und Autoren zu nennen, die eine bestimmte Ansicht vertreten. Dies ist aber auch nicht nötig. Fußnoten über eine halbe Seite mögen zwar den Fleiß beim Zusammentragen belegen, werden aber nicht unbedingt als Indiz für die Sachkunde des Autors angesehen. Vielmehr könnte die in die Abfassung der Fußnote verwendete Zeit besser für die Vervollkommnung des Textes verwendet werden. Auch können Massenzitate aus der Sicht des Lesers ein Ärgernis darstellen, da er

[15] *Hirte*, Der Zugang zu Rechtsquellen und Rechtsliteratur, 1991.

sich von ihnen meist „erschlagen“ fühlt und es statt dessen vorzieht, wenn Sie nur die wichtigsten Fundstellen nennen.

In den seltensten Fällen ist es gerechtfertigt, zehn oder zwanzig Fundstellen in einer einzigen Fußnote anzugeben. Denn es ist kaum wahrscheinlich, daß alle diese Gerichte und Autoren genau dieselbe Auffassung vertreten. Ist dies aber doch der Fall, so sollten Sie sich überlegen, ob die im Text aufgestellte Behauptung nicht viel zu allgemeiner Natur und daher von geringem Erkenntniswert ist.

Regel H.8: Sie sollten immer den Urheber einer Ansicht oder Idee zitieren.
Regel H.9: Vermeiden Sie Massenzitate.

VII. Die „herrschende Meinung“ oder die „herrschende Lehre“

Eine verbreitete Unsitte ist es, einfach „die herrschende Meinung“ zu zitieren. Damit ist die von der überwiegenden Zahl der Gerichte und Autoren vertretene Ansicht gemeint. Manchmal wird auch unterschieden zwischen der „herrschenden Meinung“, die von der Rechtsprechung vertreten wird, und der „herrschenden Lehre“, die in der Literatur überwiegt. Wer sich noch weniger aufhalten will, kürzt einfach mit „h. M.“ oder „h. L.“ ab.

Als Unsitte wird der Verweis auf die herrschende Meinung oder die herrschende Lehre hier bezeichnet, weil sie die meisten der oben genannten Zwecke des Zitierens nicht erreicht. Weder dient sie den berechtigten Interessen des Urhebers noch kann der Leser nachprüfen, ob der Verfasser den Stand von Wissenschaft und Rechtsprechung korrekt wiedergibt. Auch kann man sich nicht anhand weiterführender Literatur über das Thema informieren.

Inhaltlich ist der Verweis auf eine „herrschende“ Meinung ebenfalls von zweifelhaftem Wert. Denn es ist sehr schwer festzustellen, ob eine Auffassung wirklich „herrscht“. Ein bloßes Abzählen mit dem Ergebnis, daß in der Mehrheit der Veröffentlichungen eine gewisse Ansicht vertreten wird, reicht nicht aus, um von einer herrschenden Meinung sprechen zu können. Denn dann würde automatisch derjenige mehr Gewicht erhalten, der am meisten publiziert. Auch wenn Sie die Personen abzählen, die eine bestimmte Meinung vertreten, sind Sie vor Fehlern nicht gefeit. Vorsicht ist insbesondere vor sogenannten Zitierkartellen geboten. Diese funktionieren nach dem Schema: „Zitierst Du mich, zitier ich Dich“. Dabei entsteht leicht der falsche Eindruck, eine bestimmte Ansicht überwiege.

Damit eine Meinung wirklich „herrschend“ genannt werden kann, ist eine deutliche Mehrheit voneinander unabhängiger Personen notwendig, die diese Auffassung vertreten. Auch unter diesen Umständen sollten Sie mit dem Verweis auf die herrschende Meinung jedoch vorsichtig umgehen. Denn er ist nicht geeignet, die Richtigkeit einer Ansicht zu belegen. Umgekehrt ist die Bezeichnung als „Mindermeinung“ oder „Minderheitsmeinung“ kein zulässiges Argument, um eine Auffassung ablehnen zu können. Sie sollten bedenken, daß nicht selten die Minderheitsmeinung von heute die Mehrheitsmeinung von morgen ist. Sie müssen sich schon inhaltlich mit einer Ansicht auseinandersetzen, um über sie das Verdikt „falsch“ verhängen zu können.

Die Begriffe „herrschende Meinung“ oder „herrschende Lehre“ sollten Sie daher nur verwenden, wenn Sie andeuten wollen, daß eine bestimmte Auffassung so allgemein vertreten wird, daß es weder möglich noch nützlich wäre, alle ihre Anhänger einzeln anzuführen. Um aber die Möglichkeit zum Nachprüfen und vertiefenden Nachlesen zu eröffnen, sollten Sie unbedingt einige Vertreter namentlich und mit Fundstelle nennen. Unserer Ansicht nach sollten es mindestens drei sein. Vorzugsweise sind darunter der Urheber der Ansicht und andere Autoren, die sich mit der Frage intensiv und nicht nur nebenbei beschäftigt haben. Führen Sie sie hinter dem Ausdruck „herrschende Meinung“ oder „herrschende Lehre“ auf.

> [1]Herrschende Lehre, vgl. *Emmerich,* in: MünchKomm, 4. Aufl. (2003), § 285 Rdnr. 20; *Palandt/Heinrichs*, 65. Aufl. (2006), § 285 Rdnr. 9; *Larenz*, Lehrbuch des Schuldrechts I, 14. Aufl. (1987), § 21 I b.

Regel H.10:	Die „herrschende Meinung" dürfen Sie nur zitieren, wenn einer Ansicht so allgemein gefolgt wird, daß es weder möglich noch nützlich wäre, alle Anhänger einzeln anzuführen.
Regel H.11:	Nennen Sie zumindest drei Vertreter der Ansicht, darunter auch den Urheber.

VIII. Die „ständige Rechtsprechung“

Ganz ähnlich wie mit der „herrschenden Meinung“ verhält es sich mit der „ständigen Rechtsprechung“ (abgekürzt: „st. Rspr.“). Auch diese wird oft als unzulässiges Mittel eingesetzt, um einer entgegengesetzten Auffassung von vornherein ihre Überzeugungskraft zu nehmen. Jedoch wäre es nie zu einer sinnvollen Änderung der Rechtspraxis gekommen, wenn sich die Gerichte immer an der „ständigen Rechtsprechung“ orientiert hätten.

Allerdings sollte man nicht unterschätzen, welche Bedeutung der Stetigkeit der Rechtsprechung zukommt. Sie dient der Rechtssicherheit, weil sie den Rechtsunterworfenen erlaubt zu erkennen, welche Folgen auf sie zukommen, wenn sie sich in bestimmter Weise verhalten. Dies aber ist ein Wert an sich, und daher ist es zulässig, wenn ein Gericht darauf hinweist, daß es um der Rechtssicherheit willen von der ständigen Rechtsprechung nicht abweichen will.

Um den genannten Zwecken des Zitierens gerecht zu werden, muß man auch in diesem Fall einige Urteile benennen, in denen der vertretenen Ansicht gefolgt wurde. Es gibt keine feste Zahl von Entscheidungen, ab der man von einer „ständigen Rechtsprechung“ sprechen darf. Als Faustformel können Sie davon ausgehen, daß Sie mindestens drei Urteile von Obergerichten zitieren sollten, bevor Sie von einer „ständigen Rechtsprechung“ reden. Dabei sollte es sich ebenso wie bei der herrschenden Meinung oder Lehre möglichst um dasjenige Urteil handeln, in welchem die Auffassung das erste Mal vertreten wurde, sowie um zwei weitere repräsentative Fundstellen, wie zum Beispiel Entscheidungen der Bundesgerichte.

Regel H.12: Zitieren Sie die „ständige Rechtsprechung“, so sollten Sie mindestens drei Urteile von Obergerichten angeben, in denen diese Auffassung vertreten wird, darunter auch das Urteil, in dem sie erstmalig entwickelt wurde.

IX. „Statt aller“-Zitate

„Statt aller“-Zitate sind ein beliebtes Mittel, um sich eine Vielzahl von Fundstellen für eine Behauptung zu ersparen, die allgemein anerkannt ist. Sie sind insbesondere zweckmäßig, wenn der zitierte Autor die Auffassung besonders ausführlich darstellt und begründet. Allerdings bedarf es für ein solches Zitat der Kenntnis der Qualität der Stelle, auf die Sie verweisen.

[1] Zur Lehre von der fehlerhaften Gesellschaft s. statt aller *Karsten Schmidt*, Gesellschaftsrecht, 4. Aufl. (2002), S. 136–154.

Nicht zulässig ist ein „Statt aller“-Zitat, wenn Sie etwas für allgemein anerkannt halten, aber in Wahrheit nur eine Fundstelle kennen, in der eine Auffassung vertreten wird. Dann sollten Sie besser eine andere Einleitung wählen, wie z. B.: „So ausdrücklich … “.

Regel H.13: „Statt aller“-Zitate sind zulässig, wenn eine Ansicht allgemein anerkannt ist und Sie über eine Literaturstelle verfügen, die diese ausführlich begründet.

X. „Mit weiteren Nachweisen"

Der Zusatz „mit weiteren Nachweisen", abgekürzt „m. w. Nachw." oder „m. w. N.", erspart Ihnen die Wiederholung von Zitaten, die bereits von einem anderen Autor gesammelt wurden. Sie können ihn auch als Hinweis auf weiterführende Rechtsprechung und Literatur verwenden, wenn Sie bereits eine Fundstelle aufgeführt haben und nicht über genügend Platz verfügen, um weitere Zitate anzufügen.

[1]S. *Stein*, in: *Hachenburg*, GmbHG, 8. Aufl. (1997), § 35 Rdnr. 288 m. w. Nachw.

Diese Art des Verweises sollten Sie nur wählen, wenn Sie dem Leser zumuten können, beim anderen Autor nachzusehen. Bei einem zentralen Punkt Ihrer Arbeit dürfen Sie dagegen nicht auf andere verweisen. Hier müssen Sie sich die Mühe machen, die wichtigsten Fundstellen selbst zusammenzutragen.

Regel H.14:	Der Zusatz „mit weiteren Nachweisen" (m. w. Nachw.) kann Ihnen die Wiederholung der von einem anderen Autor gesammelten Fundstellen ersparen. Sie dürfen ihn aber nicht an zentralen Punkten Ihrer Arbeit verwenden.

XI. Darf man sich selbst zitieren?

Eines der heikelsten Probleme des Zitierens ist das Selbstzitat. Wer ständig auf sich selbst verweist, erweckt schnell den Eindruck der Unbescheidenheit. Allzu leicht scheint es, als wäre das Zitat nicht aus sachlichen Gründen eingefügt worden, sondern nur aus dem Bestreben heraus, die eigenen Leistungen hervorzuheben.

Auf der anderen Seite ist es nicht ratsam, das, was man bereits an anderer Stelle geschrieben hat, noch einmal zu wiederholen. Dies könnte den Eindruck vermitteln, man habe keine neuen Ideen und schreibe immer nur dasselbe. Wenn es also wirklich notwendig ist, auf einen früher bereits veröffentlichten Gedanken Bezug zu nehmen, dann kann man ein Selbstzitat nicht vermeiden und darf es daher auch setzen. Schreiben Sie dazu wie sonst auch den Namen des Autors, in diesem Fall also den eigenen.

[1]Dazu *Byrd*, in: *Timmons* (Hrsg.), Kant's Metaphysics of Morals, 2002, S. 121–131.

Regel H.15:	Selbstzitate sind nur gerechtfertigt, um Wiederholungen zu vermeiden.

J. Die Fußnote

I. Wann ist eine Fußnote notwendig?

Wann eine Fußnote notwendig ist, ergibt sich aus dem oben (unter H I) genannten Zweck des Zitierens: Unbedingt erforderlich ist eine Fußnote, wenn Sie einen fremden Gedanken verwenden. Ebenso müssen Sie eine Fußnote einfügen, wenn Sie sich auf ein oder mehrere Urteile beziehen, in denen eine bestimmte Frage entschieden wurde. Außerdem müssen Sie zwingend eine Fußnote setzen, wenn Sie wörtlich zitieren. Hinter jedem Zitat in Anführungsstrichen muß daher ein Fußnotenzeichen folgen.

Ihnen steht es frei, eine Fußnote einzufügen, wenn Sie auf weiterführende Literatur verweisen wollen.

Regel J.1:	Eine Fußnote ist notwendig, wenn Sie auf fremde Gedanken oder auf eine oder mehrere Entscheidungen verweisen oder wenn Sie wörtlich zitieren.

II. Wo wird die Fußnote eingefügt?

Die Fußnote steht grundsätzlich vor dem Satzzeichen am Ende des Satzes, in dem Sie zitieren.

In Microsoft Word[16] können Sie eine Fußnote einfügen, indem Sie auf „Einfügen", „Referenz" und dann auf „Fußnote" klicken. Bei manchen Versionen ist die Funktion „Fußnote" direkt unter „Einfügen" zu finden.

> Nach allgemeiner Ansicht ist § 254 II 3 BGB als dritter Absatz des § 254 BGB zu lesen[1].

Wenn sich eine Fußnote nur auf einen Teil der Aussage innerhalb eines Satzes bezieht, fügen Sie sie am Ende dieses Teils ein.

> Nach Ansicht der Rechtsprechung[1], die in der Literatur kritisiert wird[2], soll § 250 I Nr. 1 lit. b StGB auch sogenannte Scheinwaffen erfassen.

Nach anderer, verbreiteter Übung wird die Fußnote hinter das Satzzeichen am Ende des Satzes gesetzt, wenn sie den gesamten Satz betrifft, dagegen vor das Satzzeichen, wenn sie sich nur auf den letzten Teil bezieht. Diese Übung erlaubt feine Differenzierungen, stört

---

[16] Microsoft Word ist ein eingetragenes Warenzeichen der Microsoft Corp.

jedoch das einheitliche Erscheinungsbild des Textes. Daher empfehlen wir die erste Variante.

Regel J.2: Das Fußnotenzeichen wird grundsätzlich vor dem Satzzeichen des Satzes oder Teilsatzes eingefügt, auf den es sich bezieht.

III. Welche Form hat die Fußnote?

Numerieren Sie Fußnoten fortlaufend mit arabischen Ziffern.

Microsoft Word numeriert die Fußnoten automatisch fortlaufend. Dies funktioniert auch, wenn Sie die Fußnote ausschneiden und an anderer Stelle einfügen: Word numeriert sie automatisch neu. Allerdings werden die Nummern der Fußnoten erst aktualisiert, wenn Sie das Dokument schließen und neu öffnen. Wollen Sie die neue Numerierung vorher anzeigen lassen, markieren Sie zunächst das gesamte Dokument, indem Sie gleichzeitig die Tasten „STRG“ und „A“ drücken. Klicken Sie nun die rechte Maustaste und wählen Sie „Felder aktualisieren“ aus.

Das Fußnotenzeichen im Text ist eine hochgestellte Zahl. Der Text der Fußnote steht am Ende der Seite, auf der sich das Fußnotenzeichen befindet. Dem Fußnotentext geht dieselbe hochgestellte Nummer voran, die sich auch im Text findet.

Bei älteren Versionen von Microsoft Word kann es passieren, daß sich die Fußnote beim Ausdruck auf die nächste Seite verschiebt. Eine Lösung für dieses Problem können die Autoren nicht anbieten.

Der Fußnotentext wird einzeilig und in kleinerer Schrift geschrieben als der Haupttext. Üblich ist eine Schriftgröße von 10 pt.

In Microsoft Word wird der Fußnotentext automatisch mit diesem Zeilenabstand und in dieser Größe geschrieben.

Regel J.3: Numerieren Sie Fußnoten fortlaufend mit arabischen Ziffern.
Regel J.4: Das Fußnotenzeichen steht im Text als hochgestellte Zahl; der Text der Fußnote steht am Ende derselben Seite wie das Fußnotenzeichen.
Regel J.5: Schreiben Sie den Fußnotentext mit einzeiligem Abstand und in kleinerer Schrift als den Haupttext.

IV. Was gehört in die Fußnote?

Idealerweise stehen in der Fußnote nur Fundstellen, kein Text. In jedem Fall sollten Sie langen Text in Fußnoten vermeiden. Entweder die Ausführungen sind notwendig, dann gehören sie in den Haupttext, oder sie sind es nicht, dann sind sie wegzulassen. Den Leser stört es, wenn er während der Lektüre ständig in die Fußnoten sehen muß, ob sich dort etwa weitere Ausführungen befinden.

Fundstellen, für die im Literaturverzeichnis eine Abkürzung angegeben wurde, können Sie mit dieser Abkürzung zitieren.

Regel J.6: Idealerweise steht in der Fußnote kein Text.

V. Wie wird die Fußnote eingeleitet und abgeschlossen?

Normalerweise beginnt die Fußnote mit einer oder der Fundstelle. Der erste Buchstabe wird großgeschrieben. Etwas anderes gilt nur, wenn es sich um den abgekürzten Adelstitel „v." handelt; diesen schreibt man immer klein, s. dazu o. A I 1.

Sie können die Fußnote auch mit einem Hinweis einleiten, wie z. B. „siehe" (abgekürzt „s.") oder „vergleiche" (abgekürzt „vgl."). Ob Sie ein solches Einleitewort benötigen, hängt von der Aussage ab, die Sie im Text treffen. Ein „s." ist angebracht, wenn Sie sich die in der Fundstelle getroffene Aussage nicht zu eigen machen wollen oder sie nur sinngemäß wiedergeben. Mit dem „vgl." deuten Sie ebenfalls an, daß die Fundstelle nur sinngemäß Ihrem Text entspricht. Dies ist vor allem dann notwendig, wenn Sie sich im Text auf den konkreten Fall beziehen, denn in der Fundstelle kann eine Aussage zum Ihnen vorliegenden Sachverhalt gar nicht getroffen sein.

Falsch: Indem *A* dem *B* einen schweren Tritt mit dem beschuhten Fuß versetzte, verwendete er ein gefährliches Werkzeug i. S. des § 224 I Nr. 2 StGB[12].

[12] Vgl. *Fischer*, in: *Tröndle/Fischer*, StGB, 52. Aufl. (2004), § 224, Rdnrn. 9 a u. 9 c.

Neben „vgl." gibt es noch andere Möglichkeiten, wie Sie eine Fußnote einleiten können. Mit „dazu" oder „s. dazu" verweisen Sie auf weiterführende Literatur. Haben Sie eine Frage nur kurz behandelt und findet sie sich an anderer Stelle ausführlicher, dann können Sie auch ein „ausf. dazu" oder ein „s. im einzelnen" setzen.

Hinsichtlich der Einleitewörter und Abkürzungen sind der Phantasie (fast) keine Grenzen gesetzt. Generell gilt jedoch: Gehen Sie sparsam mit Einleitewörtern um! Wenn Sie jede Fußnote beispielsweise mit einem „vgl." einleiten, wirkt dies ungenau und unsicher. Wenn die Fundstelle die getroffene Aussage genau wiedergibt, brauchen Sie keine Einleitung. Beginnen Sie die Fußnote einfach mit einer oder der Fundstelle. Die Mehrzahl Ihrer Fußnoten sollte kein Einleitewort enthalten.

Den Abschluß der Fußnote bildet stets ein Punkt. Ist das letzte Zeichen der Fußnote ohnehin ein Punkt, dann müssen Sie nicht noch einen zusätzlichen Punkt setzen; einer genügt.

> [1]S. *Paech*, WM 2005, 1101 m.w. Nachw.

Regel J.7:	Leiten Sie die Fußnote mit einem „vergleiche" (vgl.) oder „siehe" (s.) ein, wenn Sie die Stelle, auf die Sie sich beziehen, im Text nur sinngemäß wiedergeben.
Regel J.8:	Mit „s." können Sie auch darauf hinweisen, daß Sie sich die in der Fundstelle getroffene Aussage nicht zu eigen machen.
Regel J.9:	Mit „dazu" oder „s. dazu" verweisen Sie auf weiterführende Literatur. Ist diese wesentlich ausführlicher, schreiben Sie „ausf. dazu" oder „s. im einzelnen".

VI. Wie werden mehrere Fundstellen zitiert?

Mehrere Fundstellen werden durch Semikolon voneinander getrennt. Durch die Verwendung des Semikolons kann der Leser erkennen, wann eine Fundstelle endet und die nächste beginnt.

> [1]*Einsele*, Wertpapierrecht als Schuldrecht, 1995, S. 7–22; *Hueck/Canaris*, Wertpapierrecht, 12. Aufl. (1986), S. 14–18; *Zöllner*, Wertpapierrecht, 14. Aufl. (1987), S. 6f.; *ders.*, in: FS Raiser, 1974, S. 249 (251–255).

Wenn Sie jedoch in der Fußnote einen neuen Satz beginnen, dann setzen Sie einen Punkt.

> [298]*BMF*, Schreiben v. 16.5.1994, GmbHR 1994, 425. Die steuerlichen Konsequenzen werden ausführlich von *Tillmann/Schmidt*, GmbHR 1995, 796–805, behandelt; s. dazu auch *Hoffmann*, DStR 1995, 1209 (1211).

Grundsätzlich beginnen Sie mit dem Urheber der Idee. Läßt sich nicht feststellen, wer eine bestimmte Aussage als Erster getroffen hat, dann sortieren Sie die Fundstellen alphabetisch nach den Namen der Autoren. Bei Kommentaren orientiert man sich insoweit am Namen des Bearbeiters, nicht an dem des Kommentars.

> [12]*Staudinger/Bork*, Vorb. z. §§ 145–156 Rdnr. 70; *Jauernig*, Vor § 145 Rdnr. 6; *Soergel/Wolf*, Vor § 145 Rdnr. 70.

Gerichtsurteile sind immer vor der Literatur zu zitieren. Sollen Entscheidungen verschiedener Gerichte zitiert werden, dann beginnt man mit dem Gericht, das im Instanzenzug höher steht. Entscheidungen von Gerichten derselben Instanz werden zeitlich geordnet.

[2]*BGHZ* 143, 307 (313); *OLG Hamm*, MDR 1959, 493; *OLG München*, NJW 1986, 1111; *OLG Düsseldorf*, NJW-RR 1996, 306.

Regel J.10:	Zählen Sie mehrere Fundstellen auf, trennen Sie diese durch Semikolon.
Regel J.11:	Beginnen Sie mit dem Urheber der Aussage. Läßt er sich nicht ermitteln, führen Sie die Werke in alphabetischer Reihenfolge der Autoren oder Bearbeiter auf.
Regel J.12:	Gerichtsurteile werden vor Literatur genannt. Im Instanzenzug höhere Gerichte sind zuerst zu nennen.

VII. Wie wird ein Autor oder ein Gericht mehrmals zitiert?

Wollen Sie mehrere Werke oder Aufsätze desselben Autors hintereinander zitieren, so können Sie eine Wiederholung des Autorennamens vermeiden, indem Sie die Abkürzung „*dies.*“ für „dieselbe“ oder „*ders.*“ für „derselbe“ setzen. Sie müssen also unbedingt darauf achten, ob es sich um einen Autor oder eine Autorin handelt! Bei mehreren Autoren setzen Sie „*dies.*“ für „dieselben“. Steht vor dem Zitat ein Einleitewort (s. o. V), das eine Deklination erfordert, wie zum Beispiel „vgl.“ oder „s.“, müssen Sie „*ders.*“ in „*dens.*“ – für „denselben“ – ändern. Die Abkürzungen „*ders.*“, „*dies.*“ und „*dens.*“ sind kursiv zu schreiben, da sie für Personen stehen.

[1]Vgl. *Kümpel*, WM 1981, Sonderbeil. Nr. 1, S. 17–21; *dens.*, WM 1983, Sonderbeil. Nr. 8, S. 4.

Wollen Sie mehrere Entscheidungen desselben Gerichts zitieren, führen Sie diese durch Semikolon getrennt in zeitlicher Reihenfolge auf. Beginnen Sie mit der ältesten und enden Sie mit der jüngsten Entscheidung. Die Abkürzung des Gerichts müssen sie nicht wiederholen. Auch die Sammlung müssen Sie nur einmal nennen, wenn alle Entscheidungen in derselben Sammlung abgedruckt sind.

[2]*BFHE* 156, 177 (178); 167, 42 (43); 176, 523 (525).

Regel J.13:	Bei mehreren Werken desselben Autors kann eine Wiederholung des Namens durch „*dies.*", „*ders.*" oder „*dens.*" vermieden werden.
Regel J.14:	Mehrere Urteile desselben Gerichts zitieren Sie hintereinander in der zeitlichen Reihenfolge beginnend mit dem ältesten Urteil.

VIII. Wie wird ein Werk oder eine Entscheidung mehrmals zitiert?

Wurde ein Werk oder eine Entscheidung in derselben oder der vorigen Fußnote bereits zitiert, können Sie den Namen des Autors oder die Bezeichnung des Gerichts wiederholen und dahinter die Abkürzung „a. a. O." für „am angegebenen Ort" setzen. Danach nennen Sie, mit einem Komma abgetrennt, die Seitenzahl, auf die Sie sich nunmehr beziehen. Dabei müssen Sie vor die Seitenzahl ein „S." für „Seite" setzen, auch wenn dies beim ersten Zitat nicht notwendig war.

> [1]*BGHZ* 149, 321 (344).
> [2]*BGH* a.a.O., S. 345.

Soll dieselbe Seite wie zuvor zitiert werden, können Sie die Abkürzung „ebda" für „ebenda" setzen.

> [1]*BGHZ* 149, 321 (344).
> [2]Ebda.

Aber Vorsicht: „a. a. O." und „ebda" dürfen Sie nur verwenden, wenn die Wiederholung *unmittelbar* auf die Fußnote folgt, in der Sie das Werk ausführlich zitiert haben. Liegt auch nur eine einzige Fußnote dazwischen, so müssen Sie die Fundstelle erneut vollständig nennen. Denn sonst würden Sie dem Leser die Mühe aufbürden, in der Arbeit nach dem erstmaligen Zitat zu suchen. Um sich auch in diesem Fall die Wiederholung der gesamten Fundstelle zu ersparen, gibt es nur einen Weg: Sie müssen auf die genaue Fußnote – mit Nummer! – verweisen, in der die Entscheidung oder das Werk erstmals zitiert wurde.

> [1]*Hruschka*, Strafrecht nach logisch-analytischer Methode, 2. Aufl. (1988), S. 21.
> ...
> [13]*Hruschka* (o. Fußn. 1), S. 35.

In Microsoft Word können Sie anstelle einer bestimmten Fußnotennummer Querverweise einfügen, die sich bei späterer Veränderungen der Numerierung automatisch anpassen. Sie sparen dadurch viel Zeit, Mühe und vor allem Nerven. Klicken Sie auf „Einfügen", „Referenz" und dann auf „Querverweis". Als „Verweistyp" wählen Sie „Fußnote" aus. Es erscheint eine Liste aller Fußnoten, die Sie gesetzt haben. Wählen Sie die Fußnote aus, auf die Sie sich beziehen, und klicken Sie auf „Einfügen".

Bei Sammelwerken sind die Namen des Autors und des Herausgebers zu wiederholen.

> [12]*Drobnig*, in: *Kreuzer* (Hrsg.), Abschied vom Wertpapier?, 1988, S. 11 (13).
> [23] *Drobnig*, in: *Kreuzer* (o. Fußn. 12), S. 13.

Bei Kommentaren sind die Namen des Kommentars und des Bearbeiters noch einmal zu nennen.

> [1]*Soergel/Stürner*, BGB, 13. Aufl. (2002), § 888 Rdnr. 1.
> [6]*Soergel/Stürner* (o. Fußn. 1), § 881 Rdnr. 14.

Regel J.15:	Zur Vermeidung von Wiederholungen können Sie bei Fußnoten, die *unmittelbar aufeinanderfolgen*, die Abkürzung „a. a. O." oder „ebda" einsetzen.
Regel J.16:	Bei Werken oder Entscheidungen, die Sie in früheren Fußnoten zitiert haben, können Sie auf die Stelle verweisen, in der Sie das Werk oder die Entscheidung zum ersten Mal zitiert haben.

IX. Wie werden abweichende Ansichten zitiert?

Es hat sich eingebürgert, abweichende Ansichten mit einem „a. A." für „anderer Ansicht" zu kennzeichnen.

> [12]*OLG Frankfurt*, NJW-RR 1993, 1259 (1260); *Fleck*, ZGR 1988, 104 (137 f.); a. A. *van Venrooy*, GmbHR 1982, 175 (178).

Diese Methode sollten Sie mit Vorsicht anwenden. Man könnte Ihnen leicht vorwerfen, daß Sie auf die abweichende Ansicht nicht inhaltlich eingegangen sind. Ebensowenig genügt es, einen umstrittenen Punkt als „streitig" zu bezeichnen. Das bloße Kennzeichnen einer Aussage als „str." erspart Ihnen nicht die Auseinandersetzung mit der Gegenmeinung.

Regel J.17:	Zur Kennzeichnung anderer Ansichten sollten Sie nicht die Abkürzungen „a. A." oder „str." verwenden. Setzen Sie sich statt dessen inhaltlich mit der abweichenden Auffassung auseinander.

K. Das Literaturverzeichnis

I. Wann ist ein Literaturverzeichnis notwendig?

Ein Literaturverzeichnis ist bei längeren Abhandlungen notwendig. Bei Büchern sowie bei Haus- und Seminararbeiten müssen Sie stets ein Literaturverzeichnis anfertigen. In Urteilen gibt es dagegen kein Literaturverzeichnis. Ebensowenig müssen Sie es für Klageschriften oder andere anwaltliche Schriftsätze erstellen. Bei Memoranden in Rechtsanwaltskanzleien ist ein Literaturverzeichnis nicht zwingend erforderlich; es kann aber insbesondere bei längeren Gutachten nützlich sein.

Bei Aufsätzen in Fachzeitschriften ist es unüblich, die zitierte Literatur gesondert zu verzeichnen. Diese ergibt sich vielmehr allein aus den Fußnoten. Häufig wiederkehrende Literatur können Sie in der ersten Fußnote nennen.

> [nach: *Rehbinder*, ZHR 165 (2001), 1]:
> [1]Abgekürzt zitiertes Schrifttum: *Bartsch*, Umweltschutz und Unternehmensorganisation, 1997; *Brandt*, in: Gemeinschaftskommentar zum Bundes-Immissionsschutzgesetz, Losebl. (Stand: 2000); *Fischer*, Der Betriebsbeauftragte für Umweltschutz, 1996; *Hansmann*, in: *Landmann/Rohmer*, Umweltrecht, Losebl. (Stand: 2000); *Kotulla*, Die Umweltschutzbeauftragten, 1995; *Roth*, Der Betriebsbeauftragte für Immissionsschutz, 1979; *R. Weber*, Der Betriebsbeauftragte, 1988. ...

Im Folgenden müssen dann nur der Name wiederholt und die genaue Seite hinzugefügt werden. Hinter dem Namen ist in Klammern auf die Fußnote zu verweisen, in der die Fundstelle ausführlich angegeben ist, s. auch o. J VIII.

> [31]*Weber* (o. Fußn. 1), S. 52 f.
> [32]*Roth* (o. Fußn. 1), S. 70 f.
> [33]*Fischer* (o. Fußn. 1), S. 44 f.

Regel K.1:	Ein Literaturverzeichnis müssen Sie bei Büchern, Haus- und Seminararbeiten, nicht aber bei Urteilen und anwaltlichen Schriftsätzen erstellen. Bei längeren Gutachten kann es empfehlenswert sein.
Regel K.2:	Bei Aufsätzen in Fachzeitschriften wird kein Literaturverzeichnis erstellt; Sie können jedoch abgekürzt zitierte Literatur in der ersten Fußnote aufführen.

II. Wo ist das Literaturverzeichnis einzufügen?

Wenn Sie ein Buch schreiben, fügen Sie das Literaturverzeichnis am Ende ein. Es steht nach dem Text, aber vor dem Stichwortverzeichnis. Bei Haus- und Seminararbeiten gehört das Literaturverzeichnis dagegen an den Anfang, zwischen Inhalts- und Abkürzungsverzeichnis.

Regel K.3:	Das Literaturverzeichnis gehört bei Büchern an das Ende, bei Haus- und Seminararbeiten an den Beginn der Arbeit.

III. Welche Werke sind in das Literaturverzeichnis aufzunehmen?

In das Literaturverzeichnis dürfen Sie nur diejenigen Werke aufnehmen, die Sie in der Arbeit zitieren. Nicht aufgeführt werden Quellen, die Sie zwar bei der Recherche benutzt haben, aber nicht in den Fußnoten zitieren. Ebenfalls nicht genannt werden weiterführende Werke zum Gegenstand der Arbeit. Das Literaturverzeichnis dient nur zum leichteren Auffinden der in der Arbeit zitierten Werke, nicht dazu, einen allgemeinen Überblick über die Literatur zum Thema zu geben. Ein solcher Überblick gehört in eine Bibliographie, die bei juristischen Arbeiten jedoch unüblich ist. Alle Werke, die in der Arbeit zitiert werden, müssen auch im Literaturverzeichnis enthalten sein und umgekehrt. Die in den Fußnoten und im Literaturverzeichnis angegebenen Quellen müssen also deckungsgleich sein.

Rechtsvorschriften und gerichtliche Entscheidungen gehören nicht in das Literaturverzeichnis. Gesetzgebungsmaterialien (z. B. Bundestags-Drucksachen) werden ebenfalls nicht aufgeführt. Hinsichtlich der Veröffentlichungen von Institutionen ist zu unterscheiden. Haben diese amtlichen Charakter, werden sie ähnlich wie Rechtsvorschriften und Urteile behandelt und nicht in das Literaturverzeichnis aufgenommen. Dies gilt zum Beispiel für Pressemitteilungen des *Bundesgerichtshofs* oder für Mitteilungen der *Kommission der Europäischen Gemeinschaften* an den *Rat* oder das *Parlament*. Handelt es sich dagegen um nichtamtliche Mitteilungen, so sind sie im Literaturverzeichnis aufzuführen.

> *Max-Planck-Institut für Ausländisches und Internationales Strafrecht*, Arbeitsberichte, Freiburg i. Br. 2001.

Nichtamtliche Regelwerke sind hingegen nicht in das Literaturverzeichnis aufzunehmen, da sie eher Rechtsvorschriften als Literaturbeiträgen ähneln. Nicht aufzuführen sind daher zum Beispiel die von der Internationalen Handelskammer in Paris herausgegebenen Einheitlichen Richtlinien und Gebräuche für Dokumenten-Akkreditive oder die von derselben Institution herausgegebenen INCOTERMS.

Internetseiten sind nicht in das Literaturverzeichnis aufzunehmen. Wird ein Dokument zitiert, das nur im Internet veröffentlicht ist, dann ist dieses als selbständiger Punkt aufzunehmen und als Fundstelle die Web-Adresse zu nennen. S. näher o. G V.

> *Bachmann, Gregor,* Habilitation Thesis Review – Peer Zumbansen, Innovation und Pfadabhängigkeit – Das Recht der Unternehmensverfassung in der Wissensgesellschaft, 5 German Law Journal Nr. 7 (2004), http://www.germanlawjournal.com (Stand: 24. 8. 2005).

Regel K.4: In das Literaturverzeichnis gehören nur die, aber alle die Werke, die Sie in der Arbeit zitieren.
Regel K.5: Rechtsvorschriften und Urteile werden nicht im Literaturverzeichnis aufgeführt.
Regel K.6: Veröffentlichungen amtlicher Institutionen gehören nicht in das Literaturverzeichnis.
Regel K.7: Führen Sie Veröffentlichungen privater Institutionen im Literaturverzeichnis auf, soweit es sich nicht um Regelwerke handelt.
Regel K.8: Führen Sie Werke, die nur im Internet veröffentlicht sind, als selbständigen Punkt mit der Web-Adresse auf.

IV. Muß nach der Art der Werke gegliedert werden?

Eine Gliederung des Literaturverzeichnisses nach der Art der Werke, etwa in Monographien, Kommentaren und Aufsätzen, wird zwar manchmal vorgenommen. Sie ist aber nicht notwendig. Im Gegenteil kann es sich sogar störend auswirken, wenn der Leser zunächst überlegen muß, ob es sich bei dem in der Fußnote zitierten Werk um eine Monographie, einen Kommentar oder einen Aufsatz handelt, bevor er es im Literaturverzeichnis nachschlagen kann.

Regel K.9: Gliedern Sie das Literaturverzeichnis nicht!

V. In welcher Reihenfolge sind die Werke aufzuführen?

Führen Sie alle Werke in alphabetischer Reihenfolge nach dem Anfangsbuchstaben des Familiennamens des Verfassers auf. Haben zwei Verfasser denselben Anfangsbuchstaben, dann richtet sich die Reihenfolge nach dem zweiten Buchstaben des Familiennamens, ist dieser ebenfalls derselbe, nach dem dritten und so weiter. Bei Buchstaben mit Umlaut sind diese so einzuordnen, als ob der Vokal ohne Umlaut stünde.

Köhler, Helmut, BGB – Allgemeiner Teil, 29. Aufl., München 2005.
Kohler, Josef, Lehrbuch des Bürgerlichen Rechts, Bd. II/1 – Schuldrecht, Berlin 1906.
Koller, Ingo, Die Risikozurechnung bei Vertragstörungen in Austauschverträgen, München 1979.

Adelstitel werden bei der Einordnung im Literaturverzeichnis nicht berücksichtigt. Der Autor wird so eingeordnet, als ob er keinen Adelstitel hätte. Der Titel ist dem Vornamen nachzustellen.

Gierke, Otto von, Die Genossenschaftstheorie und die deutsche Rechtsprechung, Berlin 1887.

Eine Ausnahme gilt für ausländische Titel wie das niederländische „van", die als Bestandteil des Familiennamens behandelt werden. Sie werden vor den Familiennamen gesetzt und wirken sich auf die Reihenfolge aus. S. auch o. A VI 1.

Van Gerven, Walter, The European Union: A Polity of States and Peoples, Oxford u. a. 2005.

Sollen zwei oder mehr Werke desselben Verfassers aufgenommen werden, dann ist es üblich, diese nach der zeitlichen Reihenfolge ihres Erscheinens zu ordnen, beginnend mit dem ältesten und endend mit dem jüngsten Werk. Nachdem Sie den Namen des Autors zum ersten Mal genannt haben, brauchen Sie ihn bei den weiteren Veröffentlichungen desselben Autors nicht zu wiederholen. Statt dessen ist es üblich, entweder einen Spiegelstrich oder die Abkürzung „*ders.*" oder „*dies.*" an die Stelle des Namens zu setzen.

Medicus, Dieter, Schuldrecht I – Allgemeiner Teil, 16. Aufl., München 2005.
ders., Bürgerliches Recht, 20. Aufl., Köln u. a., 2004.

Hat der Autor bei einem anderen Werk jedoch mit einem Co-Autor zusammengearbeitet, so ist dieses selbständig und mit dem vollen Namen beider Autoren aufzuführen.

Bei Handbüchern und Kommentaren mit Sachnamen richtet sich die Stellung im Literaturverzeichnis nach dem Anfangsbuchstaben des Sachnamens. Dieser wird so eingefügt, als ob es sich um den Namen einer Person handelte. Zur Angabe des Sachnamens s. ausführlich o. A VI 1 und B VIII 1.

Müller-Graf, Peter-Christian, Die Geschäftsverbindung als Schutzpflichtverhältnis, JZ 1976, 153–156.
Münchener Kommentar zum Bürgerlichen Gesetzbuch, hrsg. v. *Rebmann, Kurt/Säcker, Franz Jürgen/Rixecker, Roland,* 4. Aufl., Bd. I – Allgemeiner Teil. §§ 1–240, München 2001.
Münstermann, Walter, Zur Frage der Sittenwidrigkeit von Konsumenten-Ratenkredit-Verträgen, WM 1982, 1070–1076.

Regel K.10:	Sortieren Sie die Werke in alphabetischer Reihenfolge nach den Anfangsbuchstaben der Familiennamen der Autoren.
Regel K.11:	Adelstitel sind nicht zu berücksichtigen, es sei denn, es handelt sich um ausländische Titel, die Namensbestandteil sind.
Regel K.12:	Sachnamen fügen sich ein.

VI. Welche Form hat das Literaturverzeichnis?

Als Überschrift vermerken Sie „Literaturverzeichnis" oder „Schrifttumsverzeichnis". Danach führen Sie die Titel in der oben (unter V) beschriebenen Reihenfolge auf. Sie werden nur durch Absätze voneinander getrennt und nicht numeriert.

Schreiben Sie das Literaturverzeichnis mit einem Zeilenabstand von nicht mehr als einer Zeile. Nach jedem Absatz sollten Sie einen Abstand einfügen.

In Microsoft Word können Sie den Abstand zwischen den Absätzen vergrößern, indem Sie in der Taskleiste unter „Format" auf „Absatz" klicken und dann unter „Abstand" „nach" einen höheren Wert als „0" einstellen, z. B. „6 pt".

Jeder Titel ist mit hängendem Absatz zu formatieren, das heißt, die erste Zeile beginnt näher am linken Rand als die folgenden Zeilen. Zu empfehlen ist ein hängender Absatz von etwa 1 cm. Dadurch springt die erste Zeile mit dem Namen des Autors deutlich heraus, wodurch die Übersichtlichkeit erhöht wird.

In Microsoft Word können Sie einen hängenden Absatz erstellen, indem Sie in der Taskleiste unter „Format" auf „Absatz" klicken und dann unter „Extra" (bzw.: „Sondereinzug") neben dem Kästchen „hängend" das Maß einstellen.

Um den Namen noch deutlicher hervortreten zu lassen, empfiehlt es sich, diesen in kursiver Schrift zu schreiben.

Leible, Stefan, Finanzierungsleasing und „arrendamiento financiero". Eine rechtsvergleichende Untersuchung zum Finanzierungsleasing beweglicher Anlagegüter in Deutschland und Spanien, Berlin 1996.

Für Literatur, auf die man innerhalb der eigenen Arbeit nur in abgekürzter Form verweist, ist in Klammern hinter dem Titel die Zitierweise anzugeben.

> *Schönke/Schröder*, Strafgesetzbuch, Kommentar, bearb. v. *Lenckner, Theodor/Eser, Albin/Stree, Walter* u. a., 26. Aufl., München 2001 (zitiert: *Bearbeiter*, in: *Schönke/Schröder*).

Eine Abkürzung ist nur zulässig, wenn dadurch keine Verwechslungen eintreten können. Zitieren Sie mehrere Werke desselben Autors oder derselben Autoren, dann sollten Sie zur Unterscheidung einen Hinweis auf den Titel hinzufügen.

> *Brox, Hans/Walker, Wolf-Dietrich*, Allgemeines Schuldrecht, 30. Aufl., München 2004 (zitiert: *Brox/Walker*, AT).
> *Brox, Hans/Walker, Wolf-Dietrich*, Besonderes Schuldrecht, 30. Aufl., München 2005 (zitiert: *Brox/Walker*, BT).

Die Angaben zu einem Werk sind mit einem Punkt abzuschließen. Danach wird das nächste Werk zitiert.

Fügen Sie in das Literaturverzeichnis Seitenzahlen ein. Diese sollten sich von denen des Textes unterscheiden. Verwenden Sie daher römische Ziffern.

In Word lassen sich Seitenzahlen einfügen, indem sie auf „Einfügen“ und „Seitenzahlen“ klicken. Wählen Sie die gewünschte Position und Ausrichtung aus, z. B. „Seitenanfang (Kopfzeile)“ und „Zentriert“. Um römische Ziffern zu verwenden, klicken Sie auf „Format“ und wählen Sie unter „Zahlenformat“ „I, II, III“ aus (Sie müssen dazu in manchen Versionen ein wenig nach unten scrollen).

Damit im Haupttext im Gegensatz zum Literaturverzeichnis arabische Seitenzahlen stehen, müssen Sie beide durch einen Abschnittswechsel trennen. Gehen Sie dazu an den Anfang des Haupttextes, klicken Sie auf „Einfügen“, „Manueller Umbruch“ und unter „Abschnittsumbruch“ auf „Nächste Seite“. Klicken Sie nun in den Haupttext und fügen Sie die Seitenzahlen für diesen ein. Gehen Sie dazu auf „Einfügen“, „Seitenzahlen“ und „Format“. Unter der Überschrift „Seitennummerierung“ klicken Sie auf „Beginnen bei“. Es erscheint die Ziffer „1“. Klicken Sie auf „OK“ und dann nochmals auf „OK“.

Regel K.13:	Führen Sie die einzelnen Werke im Literaturverzeichnis mit hängendem Absatz auf.
Regel K.14:	Der Name des Autors oder der Sachname ist kursiv zu schreiben.
Regel K.15:	Geben Sie abgekürzte Zitierweisen in Klammern hinter dem Titel an.
Regel K.16:	Die Angaben zu jedem Werk sind mit einem Punkt abzuschließen.
Regel K.17:	Zum nächsten Absatz sollten Sie einen Abstand einfügen.
Regel K.18:	Numerieren Sie die Seiten des Literaturverzeichnisses mit römischen Ziffern.

L. Das Abkürzungsverzeichnis

I. Wann ist ein Abkürzungsverzeichnis notwendig?

Ein Abkürzungsverzeichnis ist notwendig, wenn Sie in Ihrer Arbeit Abkürzungen verwenden, die nicht allgemein üblich sind. Allgemein üblich sind Abkürzungen wie „S." für Seite und „vgl." für „vergleiche" sowie die Abkürzungen einiger Zeitschriften, wie z. B. „NJW" oder „JZ". Im Anhang dieser Fibel sind solche Abkürzungen genannt.

Bei Urteilen wird kein Abkürzungsverzeichnis eingefügt. Bei anwaltlichen Schriftsätzen ist es ebenfalls unüblich. Dagegen kann es sich bei ausführlichen Memoranden empfehlen, die verwendeten Abkürzungen zu definieren.

In jeder längeren Abhandlung, insbesondere bei Büchern, kommen Sie ohne ein Abkürzungsverzeichnis nicht aus. Bei Haus- und Seminararbeiten können Sie ein Abkürzungsverzeichnis weglassen, wenn Sie nur allgemein übliche Abkürzungen wie die im Anhang genannten verwenden. In diesem Fall genügt ein Hinweis auf *Kirchner/Butz*, Abkürzungsverzeichnis der Rechtssprache, 5. Aufl. (2003), oder auf den Anhang II der Zitierfibel. Den Hinweis können Sie an das Ende des Inhaltsverzeichnisses setzen.

> Hinsichtlich der verwendeten Abkürzungen wird auf *Byrd/Lehmann*, Zitierfibel für Juristen (2006), Anhang II, verwiesen.

Regel L.1:	Ein Abkürzungsverzeichnis müssen Sie immer dann erstellen, wenn Sie nicht nur allgemein übliche Abkürzungen verwenden.
Regel L.2:	Bei Urteilen und bei anwaltlichen Schriftsätzen müssen Sie kein Abkürzungsverzeichnis erstellen. Bei längeren Memoranden kann es dagegen empfehlenswert sein.
Regel L.3:	Bei Büchern ist ein Abkürzungsverzeichnis unentbehrlich.
Regel L.4:	Bei Haus- und Seminararbeiten müssen Sie ein Abkürzungsverzeichnis einfügen, es sei denn, Sie verwenden nur allgemein übliche Abkürzungen und weisen auf den Anhang dieses Buches hin.

II. Welche Abkürzungen müssen aufgeführt werden?

Haben Sie sich für die Erstellung eines Abkürzungsverzeichnisses entschieden, so müssen Sie grundsätzlich *alle* in der Arbeit verwendeten Abkürzungen definieren. Dies schließt auch die allgemein üblichen Abkürzungen ein. Sie sollten dem Leser nicht zumuten, sich eine Abkürzung aus zwei verschiedenen Verzeichnissen heraussuchen zu müssen.

Regel L.5:	Wenn Sie ein Abkürzungsverzeichnis erstellen, müssen Sie alle in der Arbeit verwendeten Abkürzungen definieren.

III. Was kürzt man wie ab?

Auch wenn Sie ein Abkürzungsverzeichnis erstellen, sollten Sie sich davor hüten, alle möglichen Worte abzukürzen und für sie eigenwillige Kreationen zu erfinden. Kürzel wie zum Beispiel „GSV“ für „Gesamtschuldverhältnis“ mögen zwar Platz sparen, bürden aber dem Leser die Mühe auf, sie erst im Abkürzungsverzeichnis nachlesen zu müssen. Sie stören außerdem die Ästhetik des Textes.

Keinesfalls sollten Sie Worte des allgemeinen Sprachgebrauchs verstümmeln, um Platz zu sparen. Erstellen Sie also kein Abkürzungsverzeichnis nach der Art des Anhanges II zum Palandt!

Gibt es eine übliche Abkürzung, sollten Sie möglichst diese wählen und keine eigene erfinden. Ein Beispiel ist die Abkürzung „GoA“, die sich für „Geschäftsführung ohne Auftrag“ eingebürgert hat.

Regel L.6:	Kürzen Sie nicht zu viel ab!
Regel L.7:	Gibt es eine übliche Abkürzung, sollten Sie diese wählen und keine eigene erfinden.

IV. Gehört abgekürzte Literatur in das Abkürzungsverzeichnis?

Literatur, die mit dem Namen des Autors abgekürzt wird, gehört grundsätzlich nicht in das Abkürzungsverzeichnis. Die Zitierweise ist statt dessen hinter dem jeweiligen Werk im Literaturverzeichnis zu vermerken (s. dazu o. B VIII 4).

Abkürzungen von Titeln oder von Teilen eines Titels, wie zum Beispiel „AT“ für „Allgemeiner Teil“, sollten Sie dagegen neben dem Vermerk im Literaturverzeichnis zusätzlich in das Abkürzungsverzeichnis aufnehmen. Abkürzungen von Kommentartiteln nehmen Sie ebenfalls auf. Insoweit bedarf es keines näheren Hinweises auf die Titeldaten wie Herausgeber oder Auflage, weil Sie diese bereits im Literaturverzeichnis angegeben haben.

MünchKomm	Münchener Kommentar zum Bürgerlichen Gesetzbuch
MünchKomm-StGB	Münchener Kommentar zum Strafgesetzbuch
MünchKomm-ZPO	Münchener Kommentar zur Zivilprozeßordnung

Regel L.8: Abkürzungen von Werktiteln müssen Sie neben der Angabe im Literaturverzeichnis auch in das Abkürzungsverzeichnis aufnehmen.

V. Welche Form hat das Abkürzungsverzeichnis?

Schreiben Sie als Überschrift „Abkürzungsverzeichnis". Danach folgt eine Tabelle mit zwei Spalten. Links steht die jeweilige Abkürzung, rechts der ausgeschriebene Begriff.

Eine Tabelle können Sie mit Microsoft Word einfügen, indem Sie in der Taskleiste auf „Tabelle", „Einfügen" und wiederum auf „Tabelle" klicken. Wählen Sie als Spaltenanzahl „2" und die benötigte Zeilenanzahl. Um den Tabellenrahmen beim Ausdruck zu vermeiden, gehen Sie auf „Tabelle", „Autoformat für Tabelle" und wählen Sie unter „Tabellenformatvorlagen" „normale Tabelle" aus. Sie können die Einträge in der Tabelle alphabetisch sortieren, indem Sie das unsortierte Abkürzungsverzeichnis markieren, auf „Tabelle" und dann auf „Sortieren" klicken.

Sortieren Sie die Abkürzungen in alphabetischer Reihenfolge.

Abkürzungsverzeichnis

a. A.	anderer Ansicht
a. a. O.	am angegebenen Ort
ABlEU	Amtsblatt der Europäischen Union
a. E.	am Ende
a. F.	alte Fassung
...	

Numerieren Sie die Seiten des Abkürzungsverzeichnisses mit römischen Ziffern. Insoweit gelten die Ausführungen zum Literaturverzeichnis entsprechend, s. o. K VI. Die Seitenzahlen des Abkürzungsverzeichnisses folgen denen des Literaturverzeichnisses.

Regel L.9: Das Abkürzungsverzeichnis enthält links in alphabetischer Reihenfolge die Abkürzungen, rechts die ausgeschriebenen Begriffe.

Regel L.10: Numerieren Sie die Seiten des Abkürzungsverzeichnisses mit römischen Ziffern.

Anhang I – Abkürzungen systematisch geordnet

1. Gerichte

Amtsgericht	AG
Arbeitsgericht	ArbG
Bayerisches Oberstes Landesgericht	BayObLG
Bundesarbeitsgericht	BAG
Bundesfinanzhof	BFH
Bundesgerichtshof	BGH
Bundespatentgericht	BPatG
Bundessozialgericht	BSG
Bundesverfassungsgericht	BVerfG
Bundesverwaltungsgericht	BVerwG
Europäisches Gericht erster Instanz	EuG
Europäischer Gerichtshof für Menschenrechte	EGMR
Finanzgericht	FG
Gemeinsamer Senat der obersten Gerichtshöfe des Bundes	GmS-OGB
Gerichtshof der Europäischen Gemeinschaften	EuGH
Hanseatisches Oberlandesgericht	HansOLG
Kammergericht	KG
Landgericht	LG
Landesarbeitsgericht	LAG
Landessozialgericht	LSG
Landesverfassungsgericht	VerfG
Oberlandesgericht	OLG
Oberster Gerichtshof (Österreich)	OGH
Oberverwaltungsgericht	OVG
Reichsgericht	RG
Schweizerisches Bundesgericht	BG
Sozialgericht	SG
Staatsgerichtshof	StGH
Verfassungsgerichtshof	VerfGH
Verwaltungsgericht	VG
Verwaltungsgerichtshof	VGH

2. Institutionen und Behörden

Bundesamt für Finanzdienstleistungsaufsicht	BaFin
Bundeskartellamt	BKartA
Bundesministerium der Finanzen	BMF
Bundespräsident	BPräs
Bundesrat	BR
Bundestag	BT
Kommission der Europäischen Gemeinschaften	KOM
Oberfinanzdirektion	OFD

3. Deutsche Bundesländer

Baden-Württemberg, baden-württembergisch	BW, Bad-Württ
Bayern, bayerisch	Bay
Berlin, Berliner	Berl, Bln
Brandenburg, brandenburgisch	Bbg
Bremen, Bremer	Brem
Hamburg, hamburgisch	Hbg
Hessen, hessisch	Hess
Mecklenburg-Vorpommern, Mecklenburg-Vorpommer	MV
Niedersachen, niedersächsisch	Nds
Nordrhein-Westfalen, nordrhein-westfälisch	NRW
Rheinland-Pfalz, rheinland-pfälzisch	RhPf
Saarland, saarländisch	Saarl
Sachsen	Sachs
Sachsen-Anhalt, sachsen-anhaltinisch	SachsAnh
sächsisch	sächs
Schleswig-Holstein, schleswig-holsteinisch	SchlH
Thüringen, Thüringer	Thür

4. Gesetze und Verordnungen

Abgabenordnung	AO
Aktiengesetz	AktG
Allgemeines Gesetz zum Schutz der Sicherheit und Ordnung	ASOG[17]
Arbeitsgerichtsgesetz	ArbGG
Asylverfahrensgesetz	AsylVerfG

---

[17] Bundesland ergänzen, z. B. BerlASOG.

Aufenthaltsgesetz	AufenthG
Ausführungsgesetz	AG[18]
Ausländergesetz (aufgehoben)	AuslG
Baugesetzbuch	BauGB
Baunutzungsverordnung	BauNVO
Bauordnung	BauO[19]
Betriebsverfassungsgesetz	BetrVG
Beurkundungsgesetz	BeurkG
Börsengesetz	BörsG
Bürgerliches Gesetzbuch	BGB
Bundes-Immissionsschutzgesetz	BImschG
Bundes-Immissionsschutzverordnung	BImschVO
Bundesnotarordnung	BNotO
Bundesrechtsanwaltsordnung	BRAO
Bundessozialhilfegesetz (aufgehoben)	BSHG
Bundesurlaubsgesetz	BUrlG
Depotgesetz	DepotG
Einführungsgesetz	EG[20]
Einkommensteuergesetz	EStG
Entgeltfortzahlungsgesetz	EntgFG
Fernabsatzgesetz	FernAbsG
Gemeindeordnung	GO[21]
Gerichtskostengesetz	GKG
Gerichtsverfassungsgesetz	GVG
Geschäftsordnung	GO[22]
Gesetz betreffend die Gesellschaften mit beschränkter Haftung	GmbHG
Gesetz gegen den unlauteren Wettbewerb	UWG
Gesetz gegen Wettbewerbsbeschränkungen	GWB
Gesetz über die Angelegenheiten der freiwilligen Gerichtsbarkeit	FGG
Gesetz über die Entschädigung für Strafverfolgungsmaßnahmen	StrEG
Gesetz über die öffentliche Sicherheit und Ordnung	SOG[23]
Gesetz über Partnerschaftsgesellschaften Angehöriger freier Berufe	PartGG
Gesetz zur Regelung der Miethöhe (aufgehoben)	MHG

---

18 Bundesland und Gesetzesnamen ergänzen, z. B. Saarl AGVwGO.
19 Bundesland ergänzen, z. B. BayBauO.
20 Gesetzesnamen ergänzen, z. B. EGZPO.
21 Bundesland ergänzen, z. B. SächsGO.
22 Organ ergänzen, z. B. GO-BVerfG.
23 Bundesland ergänzen, z. B. NdsSOG.

Gesetz zur Regelung des Rechts der allgemeinen Geschäftsbedingungen (aufgehoben)	AGBG
Gewerbeordnung	GewO
Gewerbesteuergesetz	GewStG
Grundbuchordnung	GBO
Grundgesetz	GG
Haftpflichtgesetz	HaftPflG
Handelsgesetzbuch	HGB
Haustürgeschäftewiderrufsgesetz (aufgehoben)	HWiG
Hochschulrahmengesetz	HRG
Insolvenzordnung	InsO
Investmentgesetz	InvG
Jugendgerichtsgesetz	JGG
Kommunalabgabengesetz	KAG[24]
Kommunalordnung	KO[25]
Körperschaftsteuergesetz	KStG
Kreditwesengesetz	KWG
Kündigungsschutzgesetz	KSchG
Lebenspartnerschaftsgesetz	LPartG
Markengesetz	MarkenG
Mutterschutzgesetz	MuSchG
Ordnungsbehördengesetz	OBG[26]
Ordnungswidrigkeitengesetz	OWiG
Patentgesetz	PatG
Polizeiaufgabengesetz	PAG[27]
Polizeigesetz	PolG[28]
Polizeiorganisationsgesetz	POG[29]
Produkthaftungsgesetz	ProdHaftG
Prostituiertengesetz	ProstG
Rechtsanwaltsvergütungsgesetz	RVG
Rechtspflegergesetz	RPflG
Scheckgesetz	ScheckG
Sicherheits- und Ordnungsgesetz	SOG[30]
Sozialgesetzbuch	SGB
Strafgesetzbuch	StGB
Strafprozeßordnung	StPO

[24] Bundesland ergänzen, z. B. BW KAG.
[25] Bundesland ergänzen, z. B. ThürKO.
[26] Bundesland ergänzen, z. B. BbgOBG.
[27] Bundesland ergänzen, z. B. BayPAG.
[28] Bundesland ergänzen, z. B. BremPolG.
[29] Bundesland ergänzen, z. B. ThürPOG.
[30] Bundesland ergänzen, z. B. MV SOG.

Straßenverkehrsgesetz	StVG
Straßenverkehrsordnung	StVO
Urheberrechtsgesetz	UrhG
Verbraucherkreditgesetz	VerbrKrG
Vereinsgesetz	VereinsG
Vergabe- und Vertragsordnung für Bauleistungen	VOB
Verordnung	VO
Verordnung über das Erbbaurecht	ErbbauVO
Versammlungsgesetz	VersG
Versicherungsvertragsgesetz	VVG
Verwaltungsgerichtsordnung	VwGO
Verwaltungsverfahrensgesetz	VwVfG
Wassergesetz	WassG[31]
Wasserhaushaltsgesetz	WHG
Wechselgesetz	WG
Wertpapiererwerbs- und Übernahmegesetz	WpÜG
Wertpapierhandelsgesetz	WpHG
Wirtschaftsstrafgesetz	WiStrG
Wohnungseigentumsgesetz	WEG
Zivilprozeßordnung	ZPO
Zwangsversteigerungsgesetz	ZVG

Für weitere Gesetzesabkürzungen s. *Kirchner/Butz*, Abkürzungsverzeichnis der Rechtssprache, 5. Aufl. (2003) oder http://bundesrecht.juris.de/bundesrecht/BMJ_a.html (Stand: 7. 3. 2006).

5. Internationale Verträge und europäische Rechtsakte

Agreement on Trade-Related Aspects of Intellectual Property Rights	TRIPS
Doppelbesteuerungsabkommen	DBA[32]
EG-Vertrag (Fassung vor dem Vertrag von Amsterdam)	EGV
EG-Vertrag (Fassung seit dem Vertrag von Amsterdam)	EG
Europäische Gerichtstands- und Vollstreckungsverordnung	EuGVO
Europäische Insolvenzverordnung	EuInsVO
Europäische Menschenrechtskonvention	EMRK
Europäisches Gerichtsstands- und Vollstreckungsübereinkommen	EuGVÜ
General Agreement on Tariffs and Trade	GATT
General Agreement on Trade in Services	GATS

[31] Bundesland ergänzen, z. B. BW WassG.

[32] Vertragsstaaten ergänzen, z. B. DBA Deutschland/Argentinien.

Genfer Flüchtlingskonvention	GFK
Genfer Konvention	GK[33]
Haager Beweisübereinkommen	HBÜ
Haager Zivilprozeßübereinkommen	HZPÜ
Internationaler Pakt über bürgerliche und politische Rechte	IPBPR
UN-Übereinkommen über die Anerkennung und Vollstreckung ausländischer Schiedssprüche	UNÜ
Vertrag über die Europäische Union (Fassung vor dem Vertrag von Amsterdam)	EUV
Vertrag über die Europäische Union (Fassung seit dem Vertrag von Amsterdam)	EU
Vertrag zur Gründung der Europäischen Atomgemeinschaft (Fassung vor dem Vertrag von Amsterdam)	EAGV
Vertrag zur Gründung der Europäischen Atomgemeinschaft (Fassung seit dem Vertrag von Amsterdam)	EA
Vertrag zur Gründung der Europäischen Gemeinschaft für Kohle und Stahl (Fassung vor dem Vertrag von Amsterdam)	EGKSV
Vertrag zur Gründung der Europäischen Gemeinschaft für Kohle und Stahl (Fassung nach dem Vertrag von Amsterdam; inzwischen ausgelaufen)	KS

6. Amtliche Veröffentlichungen

Amtsblatt der Europäischen Gemeinschaften/ Europäischen Union	ABlEG/ ABlEU
Bundesanzeiger	BAnz
Bundesgesetzblatt	BGBl
Bundesrats-Drucksache	BR-Dr, BR-Drucks.
Bundessteuerblatt	BStBl
Bundestags-Drucksache	BT-Dr, BT-Drucks.
Gemeinsames Ministerialblatt	GMBl
Gesetz- und Verordnungsblatt	GVBl[34]
Mitteilungen der deutschen Patentanwälte	MDP
Reichsgesetzblatt	RGBl
Staatsanzeiger	StAnz[35]

33 Nummer ergänzen, z. B. IV. GK.
34 Bundesland ergänzen, z. B. MV GVBl.
35 Bundesland ergänzen, z. B. ThürStAnz.

Stenographische Berichte der Sitzungen des Bundesrates	Verh. d. BR
Stenographische Berichte der Sitzungen des Bundestages	Verh. d. BT
United Nations Treaty Series	UNTS

7. Nichtamtliche Veröffentlichungen

Verhandlungen des deutschen Juristentages	VerhDJT
Veröffentlichungen der Vereinigung der deutschen Staatsrechtslehrer	VVDStRL

8. Entscheidungssammlungen

Arbeitsrechtliche Praxis	AP
Arbeitsrechts-Blattei	AR-Blattei
Arbeitsrechts-Sammlung	AR-Samml
Baurechtssammlung	BRS
Bayerisches Oberstes Landesgericht in Strafsachen	BayObLGSt
Bayerisches Oberstes Landesgericht in Zivilsachen	BayObLGZ
BGH-Rechtsprechung in Zivilsachen/Strafsachen	BGHR
Die deutsche Rechtsprechung auf dem Gebiet des internationalen Privatrechts	IPRspr
Die Rechtsprechung der Oberlandesgerichte auf dem Gebiete des Zivilrechts	OLGZ
Entscheidungen der Finanzgerichte	EFG
Entscheidungen der Oberlandesgerichte zum Straf- und Strafverfahrensrecht	OLGSt
Entscheidungen des Bundesarbeitsgerichts (Amtliche Sammlung)	BAGE
Entscheidungen des Bundesfinanzhofs (Amtliche Sammlung)	BFHE
Entscheidungen des Bundesgerichtshofs in Strafsachen (Amtliche Sammlung)	BGHSt
Entscheidungen des Bundesgerichtshofs in Zivilsachen (Amtliche Sammlung)	BGHZ
Entscheidungen des Bundespatentgerichts (Amtliche Sammlung)	BPatGE
Entscheidungen des Bundessozialgerichts (Amtliche Sammlung)	BSGE
Entscheidungen des Bundesverfassungsgerichts (Amtliche Sammlung)	BVerfGE
Entscheidungen des Bundesverwaltungsgerichts (Amtliche Sammlung)	BVerwGE

Entscheidungen des Europäischen Gerichtshofs für Menschenrechte – französisch (Cour européenne des Droits de l'Homme)	CEDH
– englisch (European Court of Human Rights)	ECHR
Entscheidungen des Hessischen Verwaltungsgerichtshofs und des Verwaltungsgerichtshofs Baden-Württemberg	ESVGH
Entscheidungen des Oberverwaltungsgerichts für das Land Nordrhein-Westfalen in Münster und für die Länder Niedersachsen und Schleswig-Holstein in Lüneburg	OVGE
Entscheidungen des Reichsgerichts in Strafsachen (Amtliche Sammlung)	RGSt
Entscheidungen des Reichsgerichts in Zivilsachen (Amtliche Sammlung)	RGZ
Entscheidungen des rheinland-pfälzischen und des saarländischen Oberverwaltungsgericht	OVG AS
Entscheidungen des Schweizerischen Bundesgerichts (Amtliche Sammlung)	BGE
Entscheidungssammlung für Wirtschafts- und Bankrecht	WuB
Entscheidungssammlung zum Arbeitsrecht	EzA
Höchstrichterliche Finanzrechtsprechung	HFR
Höchstrichterliche Rechtsprechung	HRR
Kammerentscheidungen des Bundesverfassungsgerichts	BVerfGK
Kammergerichts-Report	KG-Report
Kommentierte BGH-Rechtsprechung Lindenmaier/Möhring	LMK
Lindenmaier/Möhring, Nachschlagewerk des Bundesgerichtshofes	LM
Rechtsprechung der Hessischen Verwaltungsgerichte	HessVRspr
Sammlung arbeitsrechtlicher Entscheidungen	SAE
Sammlung der Rechtsprechung des Gerichtshofes und des Gerichts erster Instanz (EuGH und EuG)	Slg.
Sozialrecht	SozR
Verkehrsrechts-Sammlung	VRS
Verwaltungsrechtsprechung	VerwRspr
Warneyers Jahrbuch der Entscheidungen des Reichsgerichts auf dem Gebiet des Zivilrechts	WarnRspr

9. Fachzeitschriften

Anwaltsblatt	AnwBl
Arbeit und Arbeitsrecht	AuA
Arbeit und Recht	AuR
Archiv des Völkerrechts	ArchVölkR
Archiv für bürgerliches Recht	ArchBR
Archiv für die civilistische Praxis	AcP
Archiv für öffentliches Recht	AöR
Archiv für Presserecht	AfP
Archiv für Rechts- und Sozialphilosophie	ARSP
Außenwirtschaftsdienst	AWD
Baden-Württembergische Verwaltungsblätter	BWVBl
Baurecht	BauR
Bayerische Verwaltungsblätter	BayVBl
Betriebs-Berater	BB
Der Betrieb	DB
Der deutsche Rechtspfleger	Rpfleger
Der öffentliche Dienst	DÖD
Der Steuerberater	Stb
Deutsche Notarzeitschrift	DNotZ
Deutsche Richterzeitung	DRiZ
Deutsches Steuerrecht	DStR
Deutsches Steuerrecht, Entscheidungsdienst	DStRE
Deutsche Steuerzeitung	DStZ
Deutsches Verwaltungsblatt	DVBl
Deutsche Zeitschrift für Wirtschaftsrecht	DZWiR
Die Aktiengesellschaft	AG
Die Öffentliche Verwaltung	DÖV
Die Verwaltung	Verw
Entscheidungen zum Wirtschaftsrecht	EWiR
Europäische Grundrechte-Zeitschrift	EuGRZ
Europäisches Wirtschafts- und Steuerrecht	EWS
Europäische Zeitschrift für Wirtschaftsrecht	EuZW
Europarecht	EuR
Fachanwalt Arbeitsrecht	FA
Familie, Partnerschaft und Recht	FPR
Familie und Recht	FuR
Finanzrundschau	FR
Gewerbearchiv	GewArch
Gewerblicher Rechtsschutz und Urheberrecht	GRUR
Gewerblicher Rechtsschutz und Urheberrecht, Internationaler Teil	GRURInt

GmbH-Rundschau	GmbHR
Goltdammer's Archiv für Strafrecht	GA
Hanseatische Rechts- und Gerichtszeitschrift	HansGRZ
Jahrbuch für Recht und Ethik	JRE
Jherings Jahrbücher für die Dogmatik des bürgerlichen Rechts	JherJb
Juristen-Zeitung	JZ
Juristische Arbeitsblätter	JA
Juristische Ausbildung	Jura
Juristische Blätter	JBl
Juristische Rundschau	JR
Juristische Schulung	JuS
Juristische Wochenschrift	JW
Kritische Justiz	KJ
Kritische Vierteljahresschrift für Gesetzgebung und Rechtswissenschaft	KritV
Landes- und Kommunalverwaltung	LKV
Medizinrecht	MedR
Mitteilungen der Rheinischen Notarkammer	MittRhNK[36]
Monatsschrift für Deutsches Recht	MDR
Multimedia und Recht	MMR
Natur und Recht	NuR
Neue Juristische Wochenschrift	NJW
Neue Juristische Wochenschrift, Rechtsprechungsreport	NJW-RR
Neue Justiz	NJ
Neue Zeitschrift für Arbeitsrecht	NZA
Neue Zeitschrift für Arbeitsrecht, Rechtsprechungsreport	NZA-RR
Neue Zeitschrift für Gesellschaftsrecht	NZG
Neue Zeitschrift für Miet- und Wohnungsrecht	NZM
Neue Zeitschrift für Sozialrecht	NZS
Neue Zeitschrift für Strafrecht	NStZ
Neue Zeitschrift für Strafrecht, Rechtsprechungsreport	NStZ-RR
Neue Zeitschrift für Verkehrsrecht	NZV
Neue Zeitschrift für Verwaltungsrecht	NVwZ
Neue Zeitschrift für Verwaltungsrecht, Rechtsprechungsreport	NVwZ-RR
Niedersächsische Verwaltungsblätter	NdsVBl
Nordrhein-Westfälische Verwaltungsblätter	NWVBl

[36] Jetzt: Rheinische Notarzeitschrift.

Österreichische Juristen-Zeitung	ÖJZ
Praxis der Freiwilligen Gerichtsbarkeit	FGPrax
Praxis des Internationalen Privat- und Verfahrensrechts	IPRax
Rabels Zeitschrift für ausländisches und internationales Privatrecht	RabelsZ
Recht der Arbeit	RdA
Recht der Internationalen Wirtschaft	RIW
Recht und Schaden	R+S
Rheinische Notarzeitschrift	RNotZ
Sächsische Verwaltungsblätter	SächsVBl
Schweizerische Juristen-Zeitung	SJZ
Steuerliche Betriebsprüfung	StBp
Steuerrechtliche Vierteljahresschrift	StVj
Strafverteidiger	StV
Thüringer Verwaltungsblätter	ThürVBl
Transportrecht	TranspR
Versicherungsrecht	VersR
Verwaltungsarchiv	VerwArch
Verwaltungsrundschau	VR
Wertpapier-Mitteilungen	WM
Wettbewerb in Recht und Praxis	WRP
Wirtschaft und Wettbewerb	WuW
Zeitschrift des Deutschen Notarvereins	DNotV
Zeitschrift für Arbeitsrecht	ZfA
Zeitschrift für Ausländerrecht und Ausländerpolitik	ZAR
Zeitschrift für ausländisches öffentliches Recht und Völkerrecht	ZaöRV
Zeitschrift für Bankrecht und Bankwirtschaft	ZBB
Zeitschrift für Beamtenrecht	ZBR
Zeitschrift für das gesamte Familienrecht	FamRZ
Zeitschrift für das gesamte Handelsrecht und Wirtschaftsrecht	ZHR
Zeitschrift für das gesamte Schuldrecht	ZGS
Zeitschrift für deutsches und internationales Baurecht	ZfBR
Zeitschrift für deutsches und internationales Vergaberecht	VergabeR
Zeitschrift für die Anwaltspraxis	ZAP
Zeitschrift für die gesamte Strafrechtswissenschaft	ZStW
Zeitschrift für die notarielle Beratungs- und Beurkundungspraxis	NotBZ
Zeitschrift für Europäisches Privatrecht	ZEuP
Zeitschrift für Gesetzgebung	ZfG

Zeitschrift für Miet- und Raumrecht	ZMR
Zeitschrift für öffentliches Recht	ZÖffR
Zeitschrift für öffentliches Recht in Norddeutschland	NordÖR
Zeitschrift für Rechtspolitik	ZRP
Zeitschrift für Schiedsverfahren	SchiedsVZ
Zeitschrift für Schweizerisches Recht	ZSR
Zeitschrift für Sport und Recht	SpuRt
Zeitschrift für Umweltrecht	ZUR
Zeitschrift für Unternehmens- und Gesellschaftsrecht	ZGR
Zeitschrift für Urheber- und Medienrecht	ZUM
Zeitschrift für vergleichende Rechtswissenschaft	ZVglRWiss
Zeitschrift für Versicherungswesen	ZfV
Zeitschrift für Wirtschaftsrecht	ZIP
Zeitschrift für Wirtschaft, Steuer, Strafrecht	wistra
Zeitschrift für Zivilprozeß	ZZP
Zeitschrift für Zivilprozeß international	ZZP Int

10. Kommentare

Anwaltkommentar BGB	AnwKomm-BGB
Erfurter Kommentar zum Arbeitsrecht	ErfK
Großkommentar zum Aktiengesetz	Großkomm. AktG
Großkommentar zum Handelsgesetzbuch	Großkomm. HGB
Karlsruher Kommentar zum Gesetz über Ordnungswidrigkeiten	KK-OWiG
Karlsruher Kommentar zur Strafprozeßordnung	KK oder KK-StPO
Kölner Kommentar zum Aktiengesetz	Kölner Komm. AktG
Leipziger Kommentar zum Strafgesetzbuch	LK
Münchener Kommentar zum Aktiengesetz	Münch-Komm-AktG
Münchener Kommentar zum Bürgerlichen Gesetzbuch	Münch-Komm oder Münch-Komm-BGB
Münchener Kommentar zum Handelsgesetzbuch	Münch-Komm-HGB
Münchener Kommentar zum Strafgesetzbuch	Münch-Komm-StGB

Münchener Kommentar zur Insolvenzordnung	Münch-Komm-InsO
Münchener Kommentar zur Zivilprozeßordnung	Münch-Komm-ZPO
Systematischer Kommentar zum Strafgesetzbuch	SK

11. Schlüsselwörter

Absatz	Abs.
Aktenzeichen	Az.
Aktiengesellschaft	AG
Allgemeiner Teil	AT
alte Fassung	a. F.
Alternative	Alt.
am angegebenen Ort	a. a. O.
anderer Ansicht	a. A.
Anhang	Anh.
Anmerkung	Anm.
Artikel	Art.
Auflage	Aufl.
ausführlich	ausf.
Band	Bd.
Bände	Bde.
bearbeitet von	bcarb. v.
Bearbeitung	Bearb.
Beispiel	Bsp.
Beschluß	Beschl.
Besonderer Teil	BT
beziehungsweise	bzw.
Blatt	Bl.
das heißt	d. h.
denselben	dens.
dergleichen	dgl.
derselbe	ders.
dieselbc	dies.
dieselben	dies.
Dissertation	Diss.
Dokument	Dok.
ebenda	ebda
Einleitung	Einl.
endgültig	endg.
Entscheidung	Ent.
Entwurf	E

et alii (und andere)	et al.
Festgabe	Festg.
Festschrift	FS, Festschr.
folgende (Einzahl)	f.
folgende (Mehrzahl)	ff.
Fortsetzung	Forts.
für	f.
Fußnote	Fußn.
Gedächtnisschrift	GS
gegebenenfalls	ggf.
gemäß	gem.
Generalanwalt	GA
Gesellschaft bürgerlichen Rechts	GbR
Gesellschaft mit beschränkter Haftung	GmbH
Halbsatz	Halbs., HS
Herausgeber	Hrsg.
herausgegeben von	hrsg. v.
herrschende Lehre	h. L.
herrschende Meinung	h. M.
im engeren Sinne	i. e. S.
im Sinne des	i. S. des, i. S. d.
im Sinne von	i. S. von, i. S. v.
im weiteren Sinne	i. w. S.
insbesondere	insb.
in Verbindung mit	i. V. mit, i. V. m.
Kapitel	Kap.
Kommanditgesellschaft	KG
Kommanditgesellschaft auf Aktien	KGaA
kritisch	krit.
linke Spalte	li. Sp.
litera	lit.
Loseblatt	Losebl.
mit	m.
mit weiteren Nachweisen	m. w. Nachw., m. w. N.
Neubearbeitung	Neubearb.
neue Fassung	n. F.
neue Folge	N. F.
Nummer	Nr.
Nummern	Nrn.
oben	o.

offene Handelsgesellschaft	oHG
ohne Jahresangabe	o. J.
ohne Namensangabe	o. N.
ohne Ortsangabe	o. O.
Paragraph	§
Paragraphen	§§
Protokolle der Kommission für die zweite Lesung des Entwurfs des Bürgerlichen Gesetzbuches	Prot.
Randnummer	Rdnr., Rn.
Randnummern	Rdnrn., Rn.
Randziffer	Rz.
rechte Spalte	re. Sp.
Rechtsprechung	Rspr.
Rechtssache	Rs.
Referentenentwurf	RefE
Rückseite	R
Sammlung	Slg.
Satz	S.
Seite	S.
siehe	s.
Sonderbeilage	Sonderbeil.
Spalte	Sp.
ständige Rechtsprechung	st. Rspr.
streitig	str.
Teilband	Teilbd.
und andere	u. a.
und so weiter	usw.
unten	u.
Unterabsatz	Unterabs., UA
unter anderem	u. a.
unveröffentlicht	unveröff.
Urteil	Urt.
Variante	Var.
Verfügung	Vfg.
vergleiche	vgl.
Verordnung	VO
vom, von, vor	v.
Vorbemerkung	Vorb.
Wahlperiode	Wahlp.
Zitierfibel	ZiFi
zu, zum, zur	z.
zugl.	zugleich
zum Beispiel	z. B.

Anhang II – Abkürzungen alphabetisch geordnet

a. A.	anderer Ansicht
a. a. O.	am angegebenen Ort
ABlEG/ABlEU	Amtsblatt der Europäischen Gemeinschaften/ Europäischen Union
Abs.	Absatz
AcP	Archiv für die civilistische Praxis
a. F.	alte Fassung
AfP	Archiv für Presserecht
AG	Amtsgericht, Aktiengesellschaft, Die Aktiengesellschaft (Zeitschrift), Ausführungsgesetz
AGBG	Gesetz zur Regelung des Rechts der allgemeinen Geschäftsbedingungen (aufgehoben)
AktG	Aktiengesetz
Alt.	Alternative
Anh.	Anhang
Anm.	Anmerkung
AnwBl	Anwaltsblatt
AnwKomm-BGB	Anwaltkommentar BGB
AO	Abgabenordnung
AöR	Archiv für öffentliches Recht
AP	Arbeitsrechtliche Praxis
ArbG	Arbeitsgericht
ArbGG	Arbeitsgerichtsgesetz
AR-Blattei	Arbeitsrechts-Blattei
ArchBR	Archiv für bürgerliches Recht
ArchVölkR	Archiv des Völkerrechts
AR-Samml	Arbeitsrechts-Sammlung
ARSP	Archiv für Rechts- und Sozialphilosophie
Art.	Artikel
ASOG	Allgemeines Gesetz zum Schutz der Sicherheit und Ordnung
AsylVerfG	Asylverfahrensgesetz
AT	Allgemeiner Teil
AuA	Arbeit und Arbeitsrecht
AufenthG	Aufenthaltsgesetz
Aufl.	Auflage
AuR	Arbeit und Recht

ausf.	ausführlich
AuslG	Ausländergesetz
AWD	Außenwirtschaftsdienst
Az.	Aktenzeichen
Bad-Württ	Baden-Württemberg, baden-württembergisch
BaFin	Bundesamt für Finanzdienstleistungsaufsicht
BAG	Bundesarbeitsgericht
BAGE	Entscheidungen des Bundesarbeitsgerichts (Amtliche Sammlung)
BAnz	Bundesanzeiger
BauGB	Baugesetzbuch
BauNVO	Baunutzungsverordnung
BauO	Bauordnung
BauR	Baurecht
Bay	Bayern, bayerisch
BayObLG	Bayerisches Oberstes Landesgericht
BayObLGSt	Bayerisches Oberstes Landesgericht in Strafsachen
BayObLGZ	Bayerisches Oberstes Landesgericht in Zivilsachen
BayVBl	Bayerische Verwaltungsblätter
BB	Betriebs-Berater
Bbg	Brandenburg, brandenburgisch
Bd.	Band
Bde.	Bände
Bearb.	Bearbeitung
bearb. v.	bearbeitet von
Berl	Berlin, Berliner
Beschl.	Beschluß
BetrVG	Betriebsverfassungsgesetz
BeurkG	Beurkundungsgesetz
BFH	Bundesfinanzhof
BFHE	Entscheidungen des Bundesfinanzhofs (Amtliche Sammlung)
BG	Schweizerisches Bundesgericht
BGB	Bürgerliches Gesetzbuch
BGBl	Bundesgesetzblatt
BGE	Entscheidungen des Schweizerischen Bundesgerichts (Amtliche Sammlung)
BGH	Bundesgerichtshof
BGHR	BGH-Rechtsprechung in Zivilsachen/Strafsachen
BGHSt	Entscheidungen des Bundesgerichtshofs in Strafsachen (Amtliche Sammlung)
BGHZ	Entscheidungen des Bundesgerichtshofs in Zivilsachen (Amtliche Sammlung)

BImschG	Bundes-Immissionsschutzgesetz
BImschVO	Bundes-Immissionsschutzverordnung
BKartA	Bundeskartellamt
Bl.	Blatt
Bln	Berlin, Berliner
BMF	Bundesministerium der Finanzen
BNotO	Bundesnotarordnung
BörsG	Börsengesetz
BPatG	Bundespatentgericht
BPatGE	Entscheidungen des Bundespatentgerichts (Amtliche Sammlung)
BPräs	Bundespräsident
BR	Bundesrat
BRAO	Bundesrechtsanwaltsordnung
BR-Dr	Bundesrats-Drucksache
BR-Drucks.	Bundesrats-Drucksache
Brem	Bremen, Bremer
BRS	Baurechtssammlung
BSG	Bundessozialgericht
BSGE	Entscheidungen des Bundessozialgerichts (Amtliche Sammlung)
BSHG	Bundessozialhilfegesetz
Bsp.	Beispiel
BStBl	Bundessteuerblatt
BT	Bundestag, Besonderer Teil
BT-Dr	Bundestags-Drucksache
BT-Drucks.	Bundestags-Drucksache
BUrlG	Bundesurlaubsgesetz
BVerfG	Bundesverfassungsgericht
BVerfGE	Entscheidungen des Bundesverfassungsgerichts (Amtliche Sammlung)
BVerfGK	Kammerentscheidungen des Bundesverfassungsgerichts
BVerwG	Bundesverwaltungsgericht
BVerwGE	Entscheidungen des Bundesverwaltungsgerichts (Amtliche Sammlung)
BW	Baden-Württemberg, baden-württembergisch
BWVBl	Baden-Württembergische Verwaltungsblätter
bzw.	beziehungsweise
CEDH	Entscheidungen des Europäischen Gerichtshofs für Menschenrechte (Cour européenne des Droits de l'Homme) (Amtliche Sammlung)
DB	Der Betrieb

BKR – Zeitschrift für Bank- und Kapitalmarktrecht

DB – Der Betrieb

DBA	Doppelbesteuerungsabkommen
dens.	denselben
ders.	derselbe
dgl.	dergleichen
d.h.	das heißt
dies.	dieselbe, dieselben
Diss.	Dissertation
DNotV	Zeitschrift des Deutschen Notarvereins
DNotZ	Deutsche Notarzeitschrift
DÖD	Der öffentliche Dienst
Dok.	Dokument
DÖV	Die Öffentliche Verwaltung
DRiZ	Deutsche Richterzeitung
DStR	Deutsches Steuerrecht
DStRE	Deutsches Steuerrecht, Entscheidungsdienst
DStZ	Deutsche Steuerzeitung
DVBl	Deutsches Verwaltungsblatt
DZWiR	Deutsche Zeitschrift für Wirtschaftsrecht
E	Entwurf
EA	Vertrag zur Gründung der Europäischen Atomgemeinschaft (Fassung seit dem Vertrag von Amsterdam)
EAGV	Vertrag zur Gründung der Europäischen Atomgemeinschaft (Fassung vor dem Vertrag von Amsterdam)
ebda	ebenda
ECHR	Entscheidungen des Europäischen Gerichtshofs für Menschenrechte (European Court of Human Rights) (Amtliche Sammlung)
EFG	Entscheidungen der Finanzgerichte
EG	EG-Vertrag (Fassung seit dem Vertrag von Amsterdam), Einführungsgesetz
EGKSV	Vertrag zur Gründung der Europäischen Gemeinschaft für Kohle und Stahl (Fassung vor dem Vertrag von Amsterdam)
EGMR	Europäischer Gerichtshof für Menschenrechte
EGV	EG-Vertrag (Fassung vor dem Vertrag von Amsterdam)
Einl.	Einleitung
EMRK	Europäische Menschenrechtskonvention
endg.	endgültig
Ent.	Entscheidung
EntgFG	Entgeltfortzahlungsgesetz
E.L. Rev.	European Law Review

ErbbauVO	Verordnung über das Erbbaurecht
ErfK	Erfurter Kommentar zum Arbeitsrecht
EStG	Einkommensteuergesetz
ESVGH	Entscheidungen des Hessischen Verwaltungsgerichtshofs und des Verwaltungsgerichtshofs Baden-Württemberg
et. al.	et alii (und andere)
EU	Vertrag über die Europäische Union (Fassung seit dem Vertrag von Amsterdam)
EuG	Europäisches Gericht erster Instanz
EuGH	Gerichtshof der Europäischen Gemeinschaften
EuGRZ	Europäische Grundrechte-Zeitschrift
EuGVO	Europäische Gerichtsstands- und Vollstreckungsverordnung
EuGVÜ	Europäisches Gerichtsstands- und Vollstreckungsübereinkommen
EuInsVO	Europäische Insolvenzverordnung
EuR	Europarecht (Zeitschrift)
EUV	Vertrag über die Europäische Union (Fassung vor dem Vertrag von Amsterdam)
EuZW	Europäische Zeitschrift für Wirtschaftsrecht
EWiR	Entscheidungen zum Wirtschaftsrecht
EWS	Europäisches Wirtschafts- und Steuerrecht
EzA	Entscheidungssammlung zum Arbeitsrecht
f.	folgende (Einzahl), für
FA	Fachanwalt Arbeitsrecht (Zeitschrift)
FamRZ	Zeitschrift für das gesamte Familienrecht
FernAbsG	Fernabsatzgesetz
Festg.	Festgabe
Festschr.	Festschrift
ff.	folgende (Mehrzahl)
FG	Finanzgericht
FGG	Gesetz über die Angelegenheiten der freiwilligen Gerichtsbarkeit
FGPrax	Praxis der Freiwilligen Gerichtsbarkeit
Fn.	Fußnote
Forts.	Fortsetzung
FPR	Familie, Partnerschaft und Recht
FR	Finanzrundschau
FS	Festschrift
FuR	Familie und Recht
Fußn.	Fußnote
GA	Goltdammer's Archiv für Strafrecht, Generalanwalt

GATS	General Agreement on Trade in Services
GATT	General Agreement on Tariffs and Trade
GBO	Grundbuchordnung
GbR	Gesellschaft bürgerlichen Rechts
gem.	gemäß
GemO	Gemeindeordnung
GmS-OGB	Gemeinsamer Senat der obersten Gerichtshöfe des Bundes
GewArch	Gewerbearchiv
GewO	Gewerbeordnung
GewStG	Gewerbesteuergesetz
GFK	Genfer Flüchtlingskonvention
GG	Grundgesetz
ggf.	gegebenenfalls
GK	Genfer Konvention, Große Kammer
GKG	Gerichtskostengesetz
GmbH	Gesellschaft mit beschränkter Haftung
GmbHG	Gesetz betreffend die Gesellschaften mit beschränkter Haftung
GmbHR	GmbH-Rundschau
GMBl	Gemeinsames Ministerialblatt
Großkomm. AktG	Großkommentar zum Aktiengesetz
Großkomm. HGB	Großkommentar zum Handelsgesetzbuch
GRUR	Gewerblicher Rechtsschutz und Urheberrecht
GRUR Int	Gewerblicher Rechtsschutz und Urheberrecht, Internationaler Teil
GS	Gedächtnisschrift
GVBl	Gesetz- und Verwaltungsblatt
GVG	Gerichtsverfassungsgesetz
GWB	Gesetz gegen Wettbewerbsbeschränkungen
HaftPflG	Haftpflichtgesetz
Halbs.	Halbsatz
HansGRZ	Hanseatische Rechts- und Gerichtszeitschrift
HansOLG	Hanseatisches Oberlandesgericht (OLG Hamburg)
Hbg	Hamburg, hamburgisch
HBÜ	Haager Beweisübereinkommen
Hess	Hessen, hessisch
HessVGRspr.	Rechtsprechung der Hessischen Verwaltungsgerichte
HFR	Höchstrichterliche Finanzrechtsprechung
HGB	Handelsgesetzbuch
h. L.	herrschende Lehre

h. M.	herrschende Meinung
HRG	Hochschulrahmengesetz
HRR	Höchstrichterliche Rechtsprechung
Hrsg.	Herausgeber
hrsg. v.	herausgegeben von
HS	Halbsatz
HWiG	Haustürgeschäftewiderrufsgesetz
HZPÜ	Haager Zivilprozeßübereinkommen
i. e. S.	im engeren Sinne
insb.	insbesondere
InsO	Insolvenzordnung
InvG	Investmentgesetz
IPBPR	Internationaler Pakt über bürgerliche und politische Rechte
IPRax	Praxis des Internationalen Privat- und Verfahrensrechts
IPRspr	Die deutsche Rechtsprechung auf dem Gebiet des internationalen Privatrechts
i. S. d.	im Sinne des
i. S. v.	im Sinne von
i. V. m.	in Verbindung mit
i. w. S.	im weiteren Sinne
JA	Juristische Arbeitsblätter
JR	Juristische Rundschau
JRE	Jahrbuch für Recht und Ethik
Jura	Juristische Ausbildung
JuS	Juristische Schulung
JW	Juristische Wochenschrift
JZ	Juristen-Zeitung
KAG	Kommunalabgabengesetz
Kap.	Kapitel
KG	Kammergericht, Kommanditgesellschaft
KGaA	Kommanditgesellschaft auf Aktien
KG-Report	Kammergerichts-Report
KJ	Kritische Justiz
KK	Karlsruher Kommentar zur Strafprozeßordnung
KK-OWiG	Karlsruher Kommentar zum Gesetz über Ordnungswidrigkeiten
KK-StPO	Karlsruher Kommentar zur Strafprozeßordnung
KO	Kommunalordnung
Kölner Komm. AktG	Kölner Kommentar zum Aktiengesetz
KOM	Kommission der Europäischen Gemeinschaften

krit.	kritisch
KritV	Kritische Vierteljahresschrift für Gesetzgebung und Rechtswissenschaft
KS	Vertrag zur Gründung der Europäischen Gemeinschaft für Kohle und Stahl (Fassung nach dem Vertrag von Amsterdam; inzwischen ausgelaufen)
KSchG	Kündigungsschutzgesetz
KStG	Körperschaftsteuergesetz
KWG	Kreditwesengesetz
LAG	Landesarbeitsgericht
LG	Landgericht
li. Sp.	linke Spalte
lit.	litera (Buchstabe)
LK	Leipziger Kommentar zum Strafgesetzbuch
LKV	Landes- und Kommunalverwaltung
LM	Lindenmaier/Möhring, Nachschlagewerk des Bundesgerichtshofes
LMK	Kommentierte BGH-Rechtsprechung Lindenmaier/Möhring
Losebl.	Loseblatt
LPartG	Lebenspartnerschaftsgesetz
LSG	Landessozialgericht
LVerfG	Landesverfassungsgericht
m.	mit
MarkenG	Markengesetz
MDP	Mitteilungen der deutschen Patentanwälte
MDR	Monatsschrift für Deutsches Recht
MedR	Medizinrecht
MHG	Gesetz zur Regelung der Miethöhe
MittRhNK	Mitteilungen der Rheinischen Notarkammer
MMR	Multimedia und Recht
MünchKomm	Münchener Kommentar zum Bürgerlichen Gesetzbuch
MünchKomm-AktG	Münchener Kommentar zum Aktiengesetz
MünchKomm-BGB	Münchener Kommentar zum Bürgerlichen Gesetzbuch
MünchKomm-HGB	Münchener Kommentar zum Handelsgesetzbuch
MünchKomm-InsO	Münchener Kommentar zur Insolvenzordnung
MünchKomm-StGB	Münchener Kommentar zum Strafgesetzbuch

MünchKomm-ZPO	Münchener Kommentar zur Zivilprozeßordnung
MuSchG	Mutterschutzgesetz
MV	Mecklenburg-Vorpommern, Mecklenburg-Vorpommer
m. w. N.	mit weiteren Nachweisen
m. w. Nachw.	mit weiteren Nachweisen
Nds	Niedersachen, niedersächsisch
NdsVBl	Niedersächsische Verwaltungsblätter
Neubearb.	Neubearbeitung
n. F.	neue Fassung
N. F.	neue Folge
NJ	Neue Justiz
NJW	Neue Juristische Wochenschrift
NJW-RR	Neue Juristische Wochenschrift, Rechtsprechungsreport
NordÖR	Zeitschrift für öffentliches Recht in Norddeutschland
NotBZ	Zeitschrift für die notarielle Beratungs- und Beurkundungspraxis
Nr.	Nummer
Nrn.	Nummern
NRW	Nordrhein-Westfalen, nordrhein-westfälisch
NStZ	Neue Zeitschrift für Strafrecht
NStZ-RR	Neue Zeitschrift für Strafrecht, Rechtsprechungsreport
NuR	Natur und Recht
NVwZ	Neue Zeitschrift für Verwaltungsrecht
NVwZ-RR	Neue Zeitschrift für Verwaltungsrecht, Rechtsprechungsreport
NW	Nordrhein-Westfalen, nordrhein-westfälisch
NWVBl	Nordrhein-Westfälische Verwaltungsblätter
NZA	Neue Zeitschrift für Arbeitsrecht
NZA-RR	Neue Zeitschrift für Arbeitsrecht, Rechtsprechungsreport
NZG	Neue Zeitschrift für Gesellschaftsrecht
NZM	Neue Zeitschrift für Miet- und Wohnungsrecht
NZS	Neue Zeitschrift für Sozialrecht
NZV	Neue Zeitschrift für Verkehrsrecht
o.	oben
OBG	Ordnungsbehördengesetz
OFD	Oberfinanzdirektion
OGH	Oberster Gerichtshof (Österreich)

NYIL - Netherland Year book of internatio law

"ÖZÖRV"	österreichische Zeitschrift für öff. Recht u. Völkerrecht
oHG	offene Handelsgesellschaft
o. J.	ohne Jahresangabe
ÖJZ	Österreichische Juristen-Zeitung
OLG	Oberlandesgericht
OLGSt	Entscheidungen der Oberlandesgerichte zum Straf- und Strafverfahrensrecht
OLGZ	Die Rechtsprechung der Oberlandesgerichte auf dem Gebiete des Zivilrechts
o. N.	ohne Namensangabe
o. O.	ohne Ortsangabe
OVG	Oberverwaltungsgericht
OVGE	Entscheidungen des Oberverwaltungsgerichts für das Land Nordrhein-Westfalen in Münster und für die Länder Niedersachsen und Schleswig-Holstein in Lüneburg
OWiG	Ordnungswidrigkeitengesetz
PAG	Polizeiaufgabengesetz
PartGG	Gesetz über Partnerschaftsgesellschaften Angehöriger freier Berufe
PatG	Patentgesetz
POG	Polizeiorganisationsgesetz
PolG	Polizeigesetz
ProdHaftG	Produkthaftungsgesetz
ProstG	Prostituiertengesetz
Prot.	Protokolle der Kommission für die zweite Lesung des Entwurfs des Bürgerlichen Gesetzbuches
R	Rückseite
R+S	Recht und Schaden
RabelsZ	Rabels Zeitschrift für ausländisches und internationales Privatrecht
RdA	Recht der Arbeit
Rdnr.	Randnummer
Rndnrn.	Randnummern
RefE	Referentenentwurf
re. Sp.	rechte Spalte
RG	Reichsgericht
RGBl	Reichsgesetzblatt
RGSt	Entscheidungen des Reichsgerichts in Strafsachen (Amtliche Sammlung)
RGZ	Entscheidungen des Reichsgerichts in Zivilsachen (Amtliche Sammlung)
RIW	Recht der Internationalen Wirtschaft
Rn.	Randnummer, Randnummern

RdC = Recueil des Cours de l'Académie de droit international de la Haye

RNotZ	Rheinische Notarzeitschrift
RP	Rheinland-Pfalz, rheinland-pfälzisch
Rpfleger	Der deutsche Rechtspfleger
RPflG	Rechtspflegergesetz
Rs.	Rechtssache
Rspr.	Rechtsprechung
RVG	Rechtsanwaltsvergütungsgesetz
Rz.	Randziffer
S.	Seite, Satz RTh – Rechtstheorie
s.	siehe
Saarl.	Saarland, saarländisch
Sachs.	Sachsen
sächs.	sächsisch
SachsAnh	Sachsen-Anhalt, sachsen-anhaltinisch
SächsVBl	Sächsische Verwaltungsblätter
SAE	Sammlung arbeitsrechtlicher Entscheidungen
ScheckG	Scheckgesetz
SchiedsVZ	Zeitschrift für Schiedsverfahren
SchlH	Schleswig-Holstein, schleswig-holsteinisch
SGB	Sozialgesetzbuch
SJZ	Schweizerische Juristen-Zeitung
SK	Systematischer Kommentar zum Strafgesetzbuch
Slg.	Sammlung der Rechtsprechung des Gerichtshofes und des Gerichts erster Instanz
s. o.	siehe oben
SOG	Gesetz über die öffentliche Sicherheit und Ordnung, Sicherheits- und Ordnungsgesetz
Sonderbeil.	Sonderbeilage
SozG	Sozialgericht
SozR	Sozialrecht
Sp.	Spalte
SpuRt	Zeitschrift für Sport und Recht
StAnz	Staatsanzeiger
Stb	Der Steuerberater
StBp	Steuerliche Betriebsprüfung
StGB	Strafgesetzbuch
StPO	Strafprozeßordnung
str.	streitig
StrEG	Gesetz über die Entschädigung für Strafverfolgungsmaßnahmen
st. Rspr.	ständige Rechtsprechung
StV	Strafverteidiger (Zeitschrift)
StVG	Straßenverkehrsgesetz

StVj	Steuerrechtliche Vierteljahresschrift
StVO	Straßenverkehrsordnung
s. u.	siehe unten
Teilbd.	Teilband
Thür	Thüringen, Thüringer
ThürVBl	Thüringer Verwaltungsblätter
TransPR	Transportrecht
TRIPS	Agreement on Trade-Related Aspects of Intellectual Property Rights
u.	unten
u. a.	unter anderem, und andere
UA	Unterabsatz
Unterabs.	Unterabsatz
UNTS	United Nations Treaty Series
UNÜ	UN-Übereinkommen über die Anerkennung und Vollstreckung ausländischer Schiedssprüche
unveröff.	unveröffentlicht
UrhG	Urheberrechtsgesetz
Urt.	Urteil
usw.	und so weiter
UWG	Gesetz gegen den unlauteren Wettbewerb
v.	vom, von, vor
Var.	Variante
VerbrKrG	Verbraucherkreditgesetz
VerfGH	Verfassungsgerichtshof
VerG	Vereinsgesetz
VergabeR	Zeitschrift für deutsches und internationales Vergaberecht
Verh. d. BR	Stenographische Berichte der Sitzungen des Bundesrates
Verh. d. BT	Stenographische Berichte der Sitzungen des Bundestages
VerhDJT	Verhandlungen des deutschen Juristentages
VersG	Versammlungsgesetz
VersR	Versicherungsrecht
Verw	Die Verwaltung
VerwArch	Verwaltungsarchiv
VerwRspr	Verwaltungsrechtsprechung
Vfg.	Verfügung
VG	Verwaltungsgericht
VGH	Verwaltungsgerichtshof
vgl.	vergleiche
VO	Verordnung
VJIL	Virginia Journal of International Law

TILJ - Texas International Law Journal

VOB	Vergabe- und Vertragsordnung für Bauleistungen
Vorb.	Vorbemerkung
VR	Verwaltungsrundschau
VRS	Verkehrsrechts-Sammlung
VVDStRL	Veröffentlichungen der Vereinigung der deutschen Staatsrechtslehrer
VVG	Versicherungsvertragsgesetz
VwGO	Verwaltungsgerichtsordnung
VwVfG	Verwaltungsverfahrensgesetz
Wahlp.	Wahlperiode
WarnRspr	Warneyers Jahrbuch der Entscheidungen des Reichsgerichts auf dem Gebiet des Zivilrechts
WassG	Wassergesetz
WEG	Wohnungseigentumsgesetz
WG	Wechselgesetz
wistra	Zeitschrift für Wirtschaft, Steuer, Strafrecht
WiStraG	Wirtschaftsstrafgesetz
WM	Wertpapier-Mitteilungen
WpHG	Wertpapierhandelsgesetz
WpÜG	Wertpapiererwerbs- und Übernahmegesetz
WRP	Wettbewerb in Recht und Praxis
WuB	Entscheidungssammlung für Wirtschafts- und Bankrecht
WuW	Wirtschaft und Wettbewerb
z.	zu, zum, zur
ZaöRV	Zeitschrift für ausländisches öffentliches Recht und Völkerrecht
ZAP	Zeitschrift für die Anwaltspraxis
ZAR	Zeitschrift für Ausländerrecht und Ausländerpolitik
z. B.	zum Beispiel
ZBB	Zeitschrift für Bankrecht und Bankwirtschaft
ZBR	Zeitschrift für Beamtenrecht
ZEuP	Zeitschrift für Europäisches Privatrecht
ZfA	Zeitschrift für Arbeitsrecht
ZfBR	Zeitschrift für deutsches und internationales Baurecht
ZfG	Zeitschrift für Gesetzgebung
ZfV	Zeitschrift für Versicherungswesen
ZGR	Zeitschrift für Unternehmens- und Gesellschaftsrecht
ZGS	Zeitschrift für das gesamte Schuldrecht
ZHR	Zeitschrift für das gesamte Handelsrecht und Wirtschaftsrecht

ZiFi	Zitierfibel
ZIP	Zeitschrift für Wirtschaftsrecht
ZMR	Zeitschrift für Miet- und Raumrecht
ZÖffR	Zeitschrift für öffentliches Recht
ZPO	Zivilprozeßordnung
ZRP	Zeitschrift für Rechtspolitik
ZSR	Zeitschrift für Schweizerisches Recht
ZStW	Zeitschrift für die gesamte Strafrechtswissenschaft
zugl.	zugleich
ZUM	Zeitschrift für Urheber- und Medienrecht
ZUR	Zeitschrift für Umweltrecht
ZVG	Zwangsversteigerungsgesetz
ZVglRWiss	Zeitschrift für vergleichende Rechtswissenschaft
ZZP	Zeitschrift für Zivilprozeß
ZZP Int	Zeitschrift für Zivilprozeß international
ZSchwR	Zeitschrift für schweizerisches Recht
ZÖR	Zeitschrift für öffentliches Recht
ZSE	Zeitschrift für Staats- und Europawissenschaften